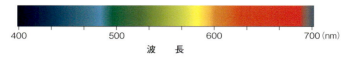

図 1.7　可視スペクトル

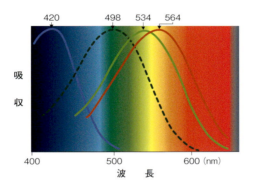

図 2.8　S 錐体（青），M 錐体（緑），L 錐体（赤），桿体（破線）の光吸収感度曲線

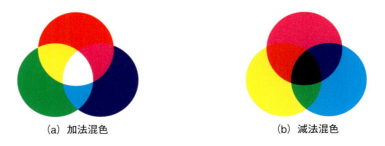

図 3.15　加法混色（a）と減法混色（b）

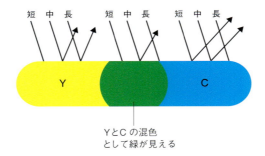

図 3.16　減法混色の例
イエロー（Y）とシアン（C）の絵の具の混色。図中「短」は短波長，「中」は中波長，「長」は長波長を示す。

図 3.24　色相の対比

図 3.26 色 の 同 化

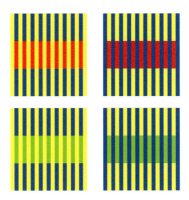

図 3.27 ムンカー錯視 (立命館大学北岡明佳教授による作画)

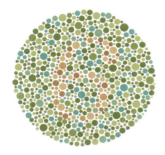 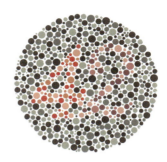

図 3.28　石原式色覚検査表の例

(a)　　　　　　　　　　　　　(b)

図 4.14　リンカーン大聖堂写真（a）とその輪郭図（b）
（a）の視覚像が神経節細胞で処理され，（b）のような輪郭像が視覚情報の一つとして外側膝状体へ伝達されているものと考えられている。

テキストライブラリ 心理学のポテンシャル 2

ポテンシャル
知覚心理学

中村　浩・戸澤 純子 著

psychologia potentia est

サイエンス社

監修のことば

　21世紀の心理学は前世期後半の認知革命以来の大きな変換期を迎えている。その特徴は現実社会への接近および周辺の他領域との融合であろう。

　インターネットの急速な発展により，居ながらにして世界中の情報を手にすることができる現代においては，リアリティをいかに維持するかが大きな課題である。その一方で身近には未曾有な大災害が起こり，人間の手ではコントロールが困難な不測の事態に備える必要が生じてきている。インターネットは人々に全能感を与え，大災害は人々に慢性的な不安を喚起する。このような現代に生きる者には，心についての深い理解は緊急の課題といえよう。

　こうした課題の解決に心理学は大きく貢献することができる。実験心理学は，情報の獲得，処理，そして行動に至る広範な知識を提供することで，生活のリアリティについての基盤を与え，その経験の原理を理解させる。臨床心理学的知見は慢性的な不安をはじめとする，現代の心の危機についての多様な，そして精緻な対処法を教える。

　本ライブラリは，急速に変化しつつある現代社会に即応した心理学の現状を，わかりやすく大学生に伝えるための教科書が必要とされている，という思いから構想されたものである。

　本ライブラリの特長は以下のようにまとめられる。①半期の授業を意識し，コンパクトに最新の知見を含む内容をわかりやすくまとめている。②読者として初学者を想定し，初歩から専門的な内容までを示すことで，この本だけで内容が理解できるようになっている。③情報を羅列した参考書ではなく，読むことで内容が理解できる独習書になっている。④多様な心理学の領域が示す「人間観」を知ることで，実社会における人間理解も深くなるように構成されている。つまり，社会に出てからも役に立つことを意識している。

　本ライブラリが心理学教育に少しでも貢献できることを願っている。

監修者　厳島行雄
　　　　横田正夫
　　　　羽生和紀

まえがき

　私たちはさまざまな環境の中で環境と相互作用しながら行動する存在である。そして物理的環境や対人的環境，あるいは文化的環境など，相互作用する環境の性質に応じてさまざまな行動様式が存在する。この行動の性質に応じて築き上げられてきた知識体系の一つひとつが心理学の研究領域として多彩な分野に分かれている。社会心理学や臨床心理学，発達心理学，認知心理学など，本ライブラリの他巻で取り上げられている分野もその一部といえよう。この環境と人との相互作用が，環境からのさまざまな情報が私たちの感覚受容器を刺激し，それに反応するところから始まることを考えてみると，感覚知覚の心理学は，他のさまざまな心理学領域を理解する上で基礎的知識を提供するものといえよう。

　その意味において本書の内容を理解することが重要であることはいうまでもないが，それらの知見がどのような心理学的手法によって得られたものであるかを理解することはさらに重要である。感覚知覚研究の発展は科学技術の発展に大きく依存しており，日々新たな手法のもとに新たな知見が報告されている。それにも関わらず感覚知覚領域固有の研究手法も普遍的に有効な手段として用いられている。それは自らの知覚体験の内省を出発点とする手法である。ただし内省によって得られた知覚体験をどのように記述し，どのように処理するかは，精神物理学や実験現象学などさまざまな研究手続きに応じて異なることはいうまでもないことである。

　本書に限ることではないが，心理学の教科書を読む際は，素直にその知見を信じるだけではなく，それを自分の体験に照らし合わせて理解することが求められる。さらにその知見がどのような手法によって得られたのか，そしてその手法の妥当性および信頼性を考えながら理解することも望まれる。ややもするとそのために遅々として読み進まず，もどかしさを感じることがあるかもしれないが，それだけ理解が深まっていること，そしてその理解が他の心理学領域の理解においても大いに役立っていることを実感してほしい。

まえがき

　知覚現象については，この四半世紀の間に発展した脳神経科学研究の成果によってその脳内プロセスが徐々に解明されてきた。そしてこの観点から知覚現象を理解しようとする傾向が現在の知覚研究の一つのトレンドになっているということができる。確かに脳神経科学による知見を知ることによって，私たち心理学者にとってもこれまでの知覚心理学研究領域で研究してきた成果の傍証が得られることとなり，納得すると同時に，それをきっかけとして新しい知覚現象に気づかされることもある。その一例が大細胞系と小細胞系，およびそれに続く背側路と腹側路に関する知見であろう。知覚が大きく形態知覚，色知覚，運動知覚，空間定位に分けられ，それぞれの脳内の経路が特定されたことは，やはりそうだったのかと，一種の安堵感を与えてくれたのは確かである。しかし，私たち知覚心理学者の出発点はあくまでも自らが体験する知覚現象である。知覚現象を人の行動全体の中にどのように位置づけていくかということがもっとも重要なことであり，人が環境との相互作用を通してそれに適応していく際に働く一つの機能として知覚現象をとらえ，その意味を解明することが知覚心理学研究の目的の一つである。

　このような観点から本書では，十分とはいえないまでも，さまざまな基本的な知覚現象を題材として取り上げ，それに関連する知覚心理学領域の研究を解説したつもりである。とくに，他の教科書では取り上げられることの少ない事象知覚を加えることによって知覚者と環境の相互作用を通して生じた知覚現象を多く紹介した。

　しかしかといって脳神経科学の知見を無視することはできないし，それによって知覚現象に対する理解が深まることも確かなことである。そこで第2章において，視覚に関して脳神経科学領域で解明されている基本的な知見を紹介するだけでなく，各章においてもそこで取り上げた知覚現象に関連する脳神経科学領域の研究の紹介にも努めた。

　心理学は普段私たちが身近に体験しているさまざまな現象を科学的手法によって理解しようとする学問である。本書の内容についても読者が自らの体験を通して理解し，知覚現象およびその研究の面白さを感じてくれることを願うものである。

まえがき

　本ライブラリを企画・監修し，私たちに執筆の機会を与えていただくと同時に，その内容について本ライブラリの主旨との整合性をチェックしていただいた厳島行雄先生，横田正夫先生，羽生和紀先生には敬意とともに感謝の意を表したい。

　また本書を完成させるにあたっては，サイエンス社編集部の清水匡太氏と小林世奈氏による入念かつ適切な原稿のチェック，および遅筆の両著者への寛容な励ましに大いに助けられた。ここに深く感謝の意を表すものである。

2017年3月

著　者　一　同

目　次

まえがき ……………………………………………………………………… i

第1章　感覚と知覚の特徴　1

- **1.1** 錯視と知覚恒常性 …………………………………………… 2
- **1.2** 知覚的世界の特徴 …………………………………………… 4
- **1.3** 感覚・知覚・認知 …………………………………………… 6
- **1.4** 感覚の特徴 …………………………………………………… 7
- **1.5** 感覚の現象 …………………………………………………… 15
- **1.6** 視野と眼球運動 ……………………………………………… 17
- トピック 1.1　静止網膜像 ……………………………………… 20
- **1.7** 感覚間の相互作用 …………………………………………… 22
- **1.8** 知覚情報処理 ………………………………………………… 24
- トピック 1.2　半側空間無視 …………………………………… 30
- 練習問題 …………………………………………………………… 32
- 参考図書 …………………………………………………………… 32

第2章　感覚と知覚の神経心理学　33

- **2.1** はじめに ……………………………………………………… 34
- **2.2** 眼球の構造 …………………………………………………… 34
- トピック 2.1　情動および認知と瞳孔サイズの関連性 ……… 35
- トピック 2.2　視力と空間周波数 ……………………………… 37
- **2.3** 網膜の構造 …………………………………………………… 42
- **2.4** 外側膝状体 …………………………………………………… 45
- **2.5** 第1次視覚野 ………………………………………………… 47
- **2.6** 第1次視覚野細胞と受容野 ………………………………… 47
- **2.7** 第1次視覚野以降の処理 …………………………………… 49

練習問題 ……………………………………………………………… 52
　参考図書 ……………………………………………………………… 52

第3章 明るさと色の知覚　53

3.1 明るさの知覚と色の知覚 ……………………………………… 54
3.2 明るさの知覚 …………………………………………………… 55
　トピック3.1　プルキンエ現象 ……………………………………… 57
　トピック3.2　ホワイト錯視と明るさの同化 ……………………… 62
　トピック3.3　輝度と照度と反射率 ………………………………… 64
　トピック3.4　チェッカーシャドー錯視と明るさの恒常性 …… 65
3.3 色の知覚 ………………………………………………………… 66
　トピック3.5　演色性 ………………………………………………… 79
　練習問題 ……………………………………………………………… 86
　参考図書 ……………………………………………………………… 86

第4章 形の知覚　87

4.1 図と地の分擬 …………………………………………………… 88
　トピック4.1　非感性的完結化の検証 ……………………………… 92
4.2 透明視 …………………………………………………………… 96
4.3 輪郭を検出する視覚システム ………………………………… 97
4.4 面のまとまり ………………………………………………… 102
4.5 形の認知 ……………………………………………………… 106
　練習問題 …………………………………………………………… 107
　参考図書 …………………………………………………………… 107

第5章 3次元空間の知覚　109

5.1 3次元空間の知覚と奥行き手がかり ……………………… 110
5.2 絶対距離と相対距離 ………………………………………… 111
5.3 さまざまな手がかり ………………………………………… 112

トピック 5.1	両眼立体視における対応関係	116
トピック 5.2	両眼網膜像差の生理過程	117
トピック 5.3	両眼網膜像差による見えの質的変化	117
トピック 5.4	大地説	129
5.4	大きさ知覚	130
5.5	錯視	134
トピック 5.5	エームズの歪んだ部屋	140
練習問題		142
参考図書		142

第6章 運動知覚　143

6.1	実際運動	144
6.2	運動の検出	144
6.3	V1以降の運動検出モデル	146
トピック 6.1	特徴変化に依存した仮現運動とエネルギー変化に依存した仮現運動の知覚	149
6.4	窓枠問題	150
6.5	運動を知覚する2つの方法	151
6.6	運動視の神経経路	153
6.7	MT野の運動知覚と運動残効	155
6.8	仮現運動	157
6.9	コルテの法則	159
6.10	実際運動と仮現運動	159
6.11	仮現運動の特徴的性質	161
6.12	仮現運動における大きさ・形・まとまりの恒常現象	163
練習問題		166
参考図書		166

第7章 事象知覚　167

- 7.1 事象概念の定義 …………………………………… 168
- 7.2 ヨハンソンの視覚的ベクトル分析理論 …………… 169
- 7.3 単一物体運動に対する意図性・生物性・力学的性質の知覚 … 173
- 7.4 ミショットの因果関係知覚 ………………………… 174
- 7.5 バイオロジカル・モーション ……………………… 181
- 練習問題 ……………………………………………… 188
- 参考図書 ……………………………………………… 188

引用文献 …………………………………………………… 189
人名索引 …………………………………………………… 201
事項索引 …………………………………………………… 203
著者紹介 …………………………………………………… 209

感覚と知覚の特徴

　私たちが考えたり感じたりする心の働きは，感覚と知覚を通して行われる。絶えず変化する自分を取り巻く外界の状況を知ることも，感覚と知覚を通して行われる。感覚と知覚は心の活動の始まりなのである。

　感覚や知覚は，人間のできることの中で，とりわけ簡単なことのように思える。たとえば視覚を例にすると，いろいろなものの色，形，動きは一目見ただけでわかる。桜がきれいに咲いていることや，多くの人が駅に向かって急いでいること，今日の友人は機嫌が悪そうといったことなど，一目でみてとれる。しかし，一目でわかるからといって，必ずしもその仕組みが簡単であることを意味しない。本章ではこのような私たちの心の働きである感覚と知覚の特徴について紹介する。

1.1 錯視と知覚恒常性

図 1.1 に示した灰色の机を見比べると，左右の机は違って見える。ものさしで，この机の形と大きさを測ってみると，どちらも同じ形で同じ大きさをもつことがわかる。その事実を知ってもなお，左右の机の形と大きさは違って見える。この例は，私たちは，物理的な世界を必ずしもありのままに見ているわけでないことを示している。このように，私たちの見ているものが，物理的な世界と著しく異なっている現象を錯視（visual illusion）という。この場合，物理的世界とは，ものさしで測った辺の長さであり，cm（センチメートル）などの単位で表される量である。一方，机の絵を見ている経験が視覚であり，これは心理的なものである。

錯視は視覚における錯覚である。錯覚という言葉は，「間違った見え方」という意味を連想させる。この言葉は，日常の生活空間では事物を正しく見ているが――つまり物理的な世界を正しく見ているが――図 1.1 のような図形を目にしたときに，偶然にも間違った見方をするかのような印象を与えるかもしれない。

私たちの視覚は，脳が外界の環境を解釈した結果，もたらされるものである。この脳の解釈は，物理的世界のコピーではない。物理的世界と，知覚の世界にはずれが生じている。このずれを錯視と定義することもできる。しかしよく考えてみると，人間が見ている世界は，ほとんど常に，事物の真の姿からずれて

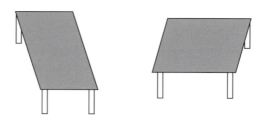

図 1.1 机 の 錯 視
左右の机面は同じ形であるが，そのようには見えない。この図形は，発表者の名前からシェパード錯視（Shepard, 1990）ともいう。

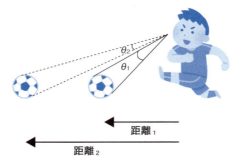

図 1.2　大きさの恒常性
自分からボールまでの距離が距離₁から距離₂に変化すると，網膜像の大きさは Θ_1 から Θ_2 に変化する。しかしボールの大きさは同じに見える。

いる。そのため，このように錯視を定義すると，人間の視覚経験のほとんどすべてが錯視であるということになってしまう。それに対して，**知覚恒常性**（perceptual constancy）の中に，**大きさの恒常性**（詳細は 5.4 参照）という現象がある。図 1.2 のようにボールを蹴ったとき，ボールの大きさは変化したようには見えない。ボールが 2 m 先にあっても，4 m 先にあっても，ボールの大きさは変わらないように見える。観察者（自分）から，対象までの距離が変化すると，観察者の網膜像の大きさ（第 5 章参照）も変化する。自分からボールが 2 m から 4 m に離れたら，ボールを見ている自分の網膜像の大きさは，半分になっているのである。しかし 2 m 先に比べて，4 m 先のボールの大きさが半分に縮んで見えることはない。私たちの見ている対象の大きさは，網膜像の大きさよりも，事物の客観的な大きさのほうに近い。見えている大きさが客観的な大きさ（物理的な大きさ）に近い現象が，大きさの恒常性といえる。

　ただし大きさの恒常性現象においても，見えている大きさは，対象の真の大きさからずれているのである。見えの大きさが客観的な大きさに一致することを，完全な大きさの恒常性というが，この完全恒常は限られた条件の下でしか生じることはない。日常の観察からもわかるように，同じ大きさの対象であれば，近い対象より遠い対象のほうが小さく見えている。つまり視覚における物理的世界からのずれは，錯視や恒常性を含め，あらゆる視覚において生じている。

1.2 知覚的世界の特徴

物理的世界からのずれは、視覚にだけ生じているのではなく、聴覚や触覚など他の感覚でも生じている。普段の生活で視覚から情報を得る割合は大きいものの、人間は視覚だけを頼りに活動しているのではない。聴覚や触覚など視覚以外のさまざまな感覚が、同時に、互いに影響し合いながら協調的に働いているのである。多くの感覚における物理的世界からのずれは、普段ほとんど気づかない。実験室場面で人工的な条件を作ると、ずれは明らかになる。たとえば大きさ―重さ錯覚（size-weight illusion）とよばれる現象がある。これは図1.3 に示すように、客観的な重さが同じ 2 個の物体があるとき、大きさ（体積）が大きいほうを軽く感じるという現象である。鉄と綿の重さを比較すると、実際には同じ重さでも綿のほうが軽いイメージがあるだろう。大きさ―重さ錯覚は、単にイメージではなく、実際に持ち上げた重さの感覚が、客観的な重さとずれるのである。この錯覚は大変に強力なものであり、重さが同じであることを事前に知っていても消えることはない。この、視覚に影響を受けた重さの感覚の効果は、発表者の名前からシャルパンティエの錯覚（Charpentier illusion）ともよばれる。

脳は世界を行き当たりばったりに解釈するのではなく、規則性をもって解釈する。冒頭の机の錯視や、図 1.4 のポンゾ錯視とよばれる錯視は、錯視量が人によって多い、少ないという個人差はある。しかし普通に観察するなら、たとえば 1 点をじっと見つめたり、長い時間見続けたりしなければ、錯視がまった

図 1.3　大きさ―重さ錯覚
同じ重さであっても、大きいほうを軽いと感じる。

1.2 知覚的世界の特徴

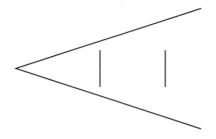

図 1.4　ポンゾ錯視
ポンゾ錯視は図 5.24（b）にも掲載している。そこでは上の1カ所に線と線が集まり，その間の上下に横線が並んでいる。

く生じないという人はいない。すべての人に錯視が生じるのである。さらに脳のつくる視覚世界は，机の錯視やシャルパンティエの錯覚のところで記したように，知識や意図によって変えることはできない。同じ形，同じ重さであることを知っていてもなお，それらの効果は続くのである。つまり感覚や知覚は，「知っている」のに変えることができないものなのである。

　では物理的世界からずれた感覚や知覚は，人間にだけ生じているのだろうか。たとえば図 1.4 のポンゾ錯視は，1カ所に集まる線と線の間にある左右の縦線の長さは客観的には等しいが，左線よりも右線のほうが短く見えるという錯視である。藤田（2005）によれば，ハト，アカゲザル，チンパンジーにも，人間と同様な方向にポンゾ錯視が生じるという。人間にとって，錯視には見て驚いたりもう一度よく眺めたりして楽しむという遊びの側面がある。このような遊びとは無縁そうな動物にも錯視が生じる。このことは，感覚や知覚の特徴は，進化の過程を経て備わった特徴であることを示している。錯視や恒常性の現象としての強度や，これらの現象を説明する眼や脳や身体活動のメカニズムは，人間と動物とでは異なるのかもしれない。しかし人間も動物も，生きて活動している世界は同じ物理的世界である。人間と動物に共通した能力が備わっていることは，この能力は環境に適応するために必要であったことを意味している。

1.3 感覚・知覚・認知

　ここで，心理学で用いられる感覚（sensation），知覚（perception），認知（cognition）の概念について，視覚を例として説明しよう。図1.5のように，外界の様子を見ること，この場合はイヌを見ることは，眼に外界からの光が眼球の奥にある網膜に到達することに始まる。イヌから反射された光は，網膜で結像する。網膜の視細胞が光の情報を信号に変換し，視神経へ情報を伝達し，さらにこの情報が脳に伝わることによって，「見る」経験が生じる。この網膜から脳で行われる一連の情報処理を，「視覚情報処理」とよぶ。本書では，眼から脳の神経系とその視覚情報処理を「視覚系」ともよんでいる。

　情報処理とは，元来コンピュータの用語である。コンピュータは外部から情報が入力され，内部で計算した結果を出力する。これら一連の過程が情報処理である。人間の視覚や聴覚などの心の活動の始まりも，コンピュータの行っている一連の情報処理過程によく似ている。人間も，眼を開けて体を動かしたりしながら，絶えず変化する外界からの情報を取り入れている。取り入れた情報は膨大になるが，何らかの方法で取捨選択したり，足りないものを補ったりしている。このような情報処理を，脳をはじめとする内部で行った結果が，感覚，知覚や認知であり，人間の心の働きの始まりである。

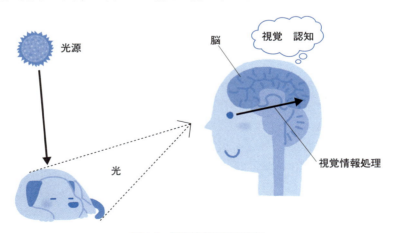

図1.5　視覚情報処理の過程

知覚心理学において，感覚と知覚と認知は，情報処理の段階として考えられることが多い。一般的には，外界の光エネルギーを光受容器が感受して生じる段階が感覚であり，それらを意味のあるまとまりとする段階が知覚である。さらに，記憶や言語などの影響を受ける段階が認知である。図 1.5 のようにイヌを見ているとき，意味のない模様だけが見える段階が感覚であり，「茶色いふさふさ」のように明るさや色，意味のあるまとまりが見える段階が知覚である。さらにイヌもしくは柴犬などと命名できたなら，その過程は認知である。これらはあくまで便宜的な区分であり，厳密にここからここまでが感覚，もしくは知覚という区分はない。実際には，この視覚情報処理過程は瞬時に行われるため，今はどこの段階かなどとは意識できない。知覚は，無意識的で自動的なものなのである。

1.4 感覚の特徴

多くの感覚が同時に働くことによって，人は環境に適応的に行動できる。たとえば冷蔵庫にあった消費期限を過ぎた食べ物を手に取ったとき，食べ物の色などの見かけをじっと観察し（視覚），匂いを嗅いでみて（嗅覚），一口なめてみる（味覚）。そして食べられるかどうかを判断する（認知）。感覚，知覚の働きと，意識の働きは切っても切り離せないものである。ここでは，さまざまな感覚の働きについて紹介する。

1.4.1　感覚の種類

感覚の種類を**モダリティ**（modality）とよぶ。日常では視覚，聴覚，触覚，味覚，嗅覚を五感とよんでいる。感覚は，刺激を受容器で感受することによって生じる。聴覚を例とすると，「聞く」という経験は，外界からの音（音波）が耳に到達することに始まる。聴覚の受容器は，内耳の蝸牛にある。ここで変換された情報が脳に伝達されて，聞く経験が生じる。また，視覚に対する光，聴覚に対する音のように，感覚受容器が感受するのに適したエネルギーを，**適刺激**（adequate stimulus）とよぶ。

日常の活動で働いているのは，五感ばかりではない。暖かい（温覚），冷たい（冷覚），痛い（痛覚）などの皮膚を受容器とした感覚は，触覚と合わせて**皮膚感覚**（cutaneous sensation）とよばれる。空腹感や心臓のドキドキ（心拍動）を感じるなどの胃や心臓の感覚は，**内臓感覚**（visceral sensation）と総称される。めまいや立ちくらみ，乗り物酔いなどの感覚は，重力に対する身体の位置や運動の変化に関連する感覚であり，**平衡感覚**（equilibrium sense）とよばれる。重さの感覚や，手足の運動の速さなど，身体全体の運動，手足の運動に関する感覚を**運動感覚**（kinesthesis）という。

1.4.2　感覚できる範囲

人間の感覚は，物理的なエネルギーのすべてを感受して生じるのではない。感覚できる物理的エネルギーには範囲がある。音であればどんな音でも感受できるのではなく，感覚受容器である内耳蝸牛で感受できる特定の範囲がある。これは約 20 Hz（ヘルツ）から 20,000 Hz の範囲の周波数の音波であり，**可聴範囲**（auditory sensation area）とよばれる。同様に，視覚においても，光であればどのような光でも感受できるのではない。人間の網膜で感受できる特定の光の範囲を**可視光**（visible light）とよぶ。可聴範囲の音波や可視光の光は，適刺激である。

可視光（図 1.6），可視スペクトル図 1.7（口絵）は，380 nm から 780 nm の範囲の電磁波である。nm はナノメートルであり，1 ナノメートルは 10 億分の 1 メートルである。図 1.6 に示すように，可視光以外にもさまざまな波長をもった電磁波が外界には存在する。可視光のうち，400 nm 付近の電磁波は，紫に知覚される。これよりも短い波長である紫外線は，紫の外側を意味し，人間の眼には見えない光線である。赤の外側を意味する赤外線でも同様である。日焼け止めなどの化粧品や，食品の調理器具の効能を宣伝するために，あたかも紫外線や赤外線のような光が図示されていることがあるが，実際には人間には見えない。

感覚できる物理的エネルギーには範囲があることは，動物でも同様である。人間と動物では，可視光や可聴範囲の領域は同じではない。たとえば，チョウ

1.4 感覚の特徴

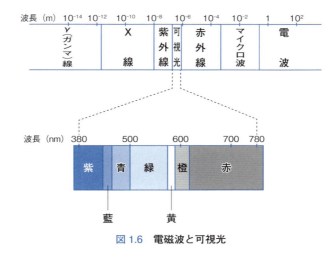

図 1.6 電磁波と可視光

やハチなどの昆虫には，紫外線が見えている．またイヌを訓練するために使う犬笛という道具は，人間には聞こえないがイヌには聞こえるきわめて高い周波数をもった音を発することができる．

1.4.3 刺激閾

　人間に感覚が生じるのは，刺激の強さも関係する．たとえば学校の身体検査で，音が聞こえたら手元のボタンを押す聴力検査を受けたことがあるだろう．検査では，音の大きさを変化させ，聞くことのできるもっとも小さな音を調べている．音の強度があまりに弱すぎると，人間に「聞こえた」という感覚は生じない．このように，人間の感覚で気づくことのできる最小の刺激強度を**刺激閾**（stimulus threshold）という．これは絶対閾（absolute threshold）ともよばれる．

　音の強度をランダムに変化させて，実験参加者に聞こえるか聞こえないかを反応してもらう実験をしたとしよう．多数の音を何度も聞いてもらった反応を集計すると図 1.8 のようになる．図 1.8 の横軸は音の強さ，縦軸には「聞こえた」という反応の確率が示してある．参加者の反応は，典型的には図のようにS字を描くカーブとなる．刺激閾は，聞こえた反応の確率が 50% になる音の

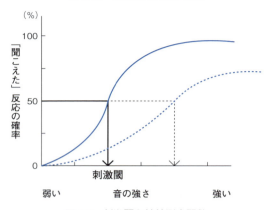

図 1.8 刺激閾と精神測定関数
刺激閾は環境や状況によって変化する。騒音の環境では，図中の色の破線のように，刺激閾も大きくなる。

強さで示すことができる。刺激閾は，人間の感覚を音の強度という物理量で表すのである。図 1.8 のような曲線を**精神測定関数**（psychometric function）という。

閾は境目を意味する言葉である。そのため，刺激閾という言葉からはそれを境にして，音が突然聞こえたり，聞こえなくなったりするという印象を与えるかもしれない。しかし閾値は，周囲の環境や個人の状況によって変動する。電車が通るガード下のような場所での話し声と，静かな図書館での話し声とでは，同じ大きさの話し声であれば，どちらが聞きやすいかは自明であろう。反応確率 50% にあたる物理量は，騒音の環境では大きくなり，静粛な環境では小さくなる。

刺激閾は，感覚の鈍さと鋭さに対応している。刺激閾が大きいという場合，感覚が生じづらいことを意味するので，感覚が鈍いことを示す。刺激閾が小さいという場合，感覚が生じやすいことを意味するので，感覚が鋭いことを示す。

1.4.4　弁別閾とウェーバーの法則

私たちは日常のさまざまな場面で，音の大きさの違いを聞き分けたり，色のわずかな違いを見分けたりしている。たとえば暗い部屋の 1 本のロウソクを 2

本に増やせば，明るさの違いがすぐにわかるだろう。ただし，100本のロウソクを101本にしたら，明るさの違いを見分けることができるだろうか。私たちの感覚は，刺激の物理的強度に単純に依存しているのではない。同種の刺激を変化させたとき，その違いを感知できる最小の刺激の差異を**弁別閾**（difference threshold）という。弁別閾は丁度可知差異（just noticeable difference, jndと略す）ともよばれる。

重さの感覚で弁別閾を具体的にみてみよう。50 gの錘を標準刺激（実験での判断において基準となる刺激）とした場合，1 gの違いがあれば2つの錘は異なる重さと感覚できる人がいるとしよう。この場合の弁別閾は1 gである。では，この人の弁別閾は標準刺激が100 gになっても，1 gのままであろうか。実験では，標準刺激の重さを変えて，比較刺激（標準刺激と比較するための刺激）との弁別の判断を複数回繰り返して，標準刺激と同じ重さと判断された比較刺激の重さを測定する。この一連の手続きを**精神物理的測定法**とよぶ。

このような弁別閾の実験を繰返し行い，弁別閾の規則性に気づいた研究者がウェーバー（Weber, E. H.；1795–1878）であった。ウェーバーは，重さ感覚をはじめ，さまざまな感覚で弁別閾を測定する実験を行った。その結果から，標準刺激の強さ（S）と弁別閾（ΔS）の比は一定となると考え，次のように表した。

$$\frac{\Delta S}{S} = k \quad (k\text{ は定数}) \tag{1}$$

ウェーバーは，弁別閾は1 gや2 gのように絶対値で決まるのではないことを見出した。(1)式は，図1.9に示すように，刺激の強さに比例して弁別閾が変化することを示している。先の重さの弁別閾の例であれば，標準刺激が100 gになったときの弁別閾は2 gになると予測できる。標準刺激が50 gと100 gとで，弁別閾との比率が同じになることが予測できるからである。ウェーバーが見出したこの弁別閾と標準刺激の物理量との関係を**ウェーバーの法則**（Weber's law）とよぶ。

$\Delta S/S$の値は**ウェーバー比**（Weber fraction）とよばれ，値が小さいほどわずかな刺激強度の差異を識別でき，弁別力が高いことを意味する。先の重さ感

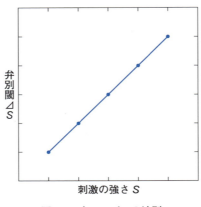

図 1.9 ウェーバーの法則

覚の例であればウェーバー比は 1/50（1/50 = 2/100 = 0.02）である（2% のようにパーセンテージで表す）。この値によって，異なる感覚の感度を比較することも可能になる。たとえば電気ショックのウェーバー比は 1% である。これはわずかな変化でも弁別できることを意味する。物を持ち上げたときの重さ感覚は 2%，塩辛さの味覚は 8% のように，感覚によってウェーバー比は異なる（Teghtsoonian, 1971）。ウェーバー比が大きい感覚は，変化に対して鈍感であることを意味する。

ただし，ウェーバーの法則はあらゆる刺激の強さで成立するのではない。とくに標準刺激の強さが極端に弱いかあるいは強いときにはウェーバー比は一定にはならない。このことから，ウェーバーの法則は，限定された範囲内での刺激強度と弁別閾の関係を示すと考えられている。

1.4.5　感覚の尺度化と精神物理学
　　　――フェヒナーの法則とスティーヴンスの法則

　私たちは普段，物の寸法を測るときにはものさしを使う。ものさしで測れば，寸法を他人に正確に伝えることができるし，物の仕組みを理解することにもつながる。ものさしを別の言葉でいうと，尺度である。心理学においては，物理的な量ではなく，人間の感覚に対するものさしをつくる試みがある。これを，

感覚の尺度化という。感覚の尺度化は，刺激に対する人間の感覚を数量化して，刺激と感覚間に見出せる規則性，法則性を示す試みである。先のウェーバーの法則も，感覚の尺度化の試みの一つといえる。

感覚の尺度化には，フェヒナー（Fechner, G. T.；1801-1887）が創始した**精神物理学**（psychophysics）が深くかかわっている。これは現在は**心理物理学**とよばれることも多い。物理学者でもあったフェヒナーは，外界の刺激と人間の感覚の間には法則性があると考え，刺激と感覚の対応関係を明らかにしようとした。これが精神物理学である。刺激と感覚の対応関係を調べるためには，人間を実験参加者とした実験において，特定の刺激に対する感覚を数量化する必要がある。このことから，フェヒナーは，現在の実験心理学においても利用される実験手続きである，恒常法や調整法などの精神物理学的測定法を考案した。

フェヒナーは，ウェーバーの法則と同様に，感覚の単位を弁別閾と考えた。彼はウェーバーの法則を数学的に展開して，感覚と刺激強度の関係を次のように表した。

$$R = k \log S \quad (k は定数) \tag{2}$$

フェヒナーによれば，(2)式に示すように，感覚の大きさ（R）は刺激の強さ（S）の対数に比例する。これを**フェヒナーの法則**（Fechner's law）とよぶ。**図 1.10 (a)** に示すように，フェヒナーの法則において，刺激の強さ（横軸）が強くなればなるほど，弁別には大きな刺激変化が必要となる。

後年，スティーヴンス（Stevens, S. S.；1906-1973）はフェヒナーの考えをさらに発展させた。スティーヴンスは，フェヒナーとは異なって，感覚の大きさは直接的に測定できると考えた。たとえば野球のボールの大きさを基準とし，その大きさに 10 の数を割り当てる。では，卓球のボール（ピンポン）の大きさは，野球のボールに比べるといくつだろうか？ ある人は 5，ある人は 2 と答えるだろう。同様に，サッカーのボールは野球のボールに比べていくつだろうか？ このように，基準となるものに対して比較するものを比べて，観察者に数詞で答えてもらう方法を**マグニチュード推定法**（magnitude estimation）

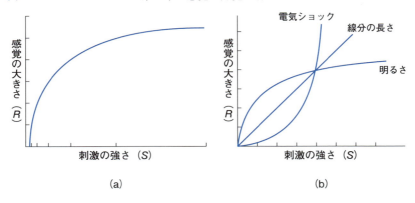

図 1.10 フェヒナーの法則（a）とスティーヴンスの法則（b）

とよぶ。スティーヴンスはこの方法を考案し，この方法によって，感覚量を直接的に推定できるとした。マグニチュード推定法では，明るさの知覚，匂いの知覚など，同一の感覚属性に対して，物理的な刺激の量を変化させて系列をつくる。基準となる刺激は，多くの場合，刺激系列の範囲内から1つ選ばれる。観察者は基準となる刺激に10や100といった特定の数値を割り当てて，提示される系列の刺激に数詞で答えるのである。基準となる刺激は，マグニチュード推定法の場合モデュラス（modulus）とよぶこともある。

スティーヴンスは，マグニチュード推定法による実験結果に基づいて，刺激（S）と感覚の大きさ（R）の関係はベキ関数になると考え，次のように表した。

$$R = k S^n \tag{3}$$

(3)式は，感覚の大きさ（R）は刺激（S）のn乗に比例して増大することを示す。これを**スティーヴンスの法則**（Stevens' law）とよぶ。フェヒナーの法則は刺激量を対数とした刺激と感覚の関係を示すが，スティーヴンスの法則は，刺激と感覚を両方対数に変換した刺激と感覚の関係を示す。(3)式において，nはベキ指数とよばれ，図 1.10 (b) に示すように，その大きさは感覚によって異なる。たとえば線分の長さ感覚のベキ指数は1.1，電気ショックの感

覚のベキ指数は 3.5，明るさ感覚のベキ指数は 0.3 である。これらの指数の値は，刺激に対する感覚の変化の仕方を表している。電気ショックのように指数が 1 以上であれば，刺激の変化に比べて，感覚が急激に変化することを意味する。指数が 1 以下の場合，刺激の変化に比べて，感覚の変化が小さいことを示す。線分の長さのように，指数が 1 の場合，刺激の変化に対応して感覚も変化することを示す。

1.5 感覚の現象

視覚をはじめとする感覚・知覚に共通して，順応，対比，同化の現象が生じる。これらの現象は，感覚・知覚の重要な特徴を示している。それは人間の感覚・知覚が，外界の単独の対象，もしくは対象の絶対値によって決まっているわけではないことである。感覚や知覚は，対象と対象の周りの特徴に影響を受けて変化する，相対的なものである。

1.5.1 順　　応

風呂に入ったばかりのときには，湯の熱さを強く感じるが，しばらくすると先ほどよりも熱さを感じなくなる。これは時間の経過とともに湯の温度が下がることにもよるが，主には人間の感覚に原因がある。この例のように，同一の刺激が感覚受容器に持続して与えられると，感覚に変化が生じる。これを順応（adaptation）という。順応は，刺激の持続的な提示によって刺激閾が変化する現象である。湯がぬるくなる感覚は，刺激閾が大きく（感覚が鈍く）なったことによる。

視覚も順応が生じやすい感覚である。青いサングラスをかけると，はじめは周囲が青く見えるが，しばらくすると気にならなくなり，サングラスを通しても周囲を正常な色として知覚するようになる。これは，眼の感度が鈍くなることによって生じる現象である。このように，同じ色刺激を見続けた際の色に対する慣れを色順応（第 3 章参照）という。

視覚以外でも，嗅覚，味覚，触覚は順応が生じやすい感覚である。屋外から

部屋に帰ると最初は匂いを感じるが,次第に気にならなくなる。また,食べ物の味で塩辛さに慣れてしまうと薄味では物足りなくなるなどの経験は誰しもあるだろう。これも,感覚の感度が低下することで生じる順応である。ただし痛覚のように,順応が生じづらい感覚もある。また順応には感覚の感度が鈍くなる順応ばかりでなく,暗順応(第3章参照)のように感度が鋭くなる順応もある。

1.5.2 対比と同化

　スイカに少量の塩をかけて食べると,塩をかけないスイカよりも,甘みを一層強く感じる。少しの塩を隠し味にするのは,お汁粉や甘酒でも同様である。味覚においては甘さよりも塩辛さのほうを早く感じるため,塩辛さ(塩)の後の甘み(スイカ)が一層強調されて感じられるのである。このように,先行して経験した感覚や周囲を取り巻く環境に影響を受けて感覚は変化する。上のスイカや隠し味の例は味覚の対比効果とよばれる。

　対比(contrast)とは,周囲の刺激対象との特徴の違い(または先の感覚と後の感覚の違い)を強調し,差を拡大して感じる傾向を指す。一方,周囲との違いを少なくして,周囲と同じ方向に知覚する傾向もある。これは同化(assimilation)という。たとえばミカンに赤い色のネットがかかっていると,ミカンの色とネットの色の同化によって,ミカンがより赤に近づいて見えるという効果が期待できる。

　対比の場合,空間的に近接した対象から影響を受ける知覚を同時対比,時間的に近接した対象から影響を受ける知覚を継時対比とよぶ。松田(2000)によれば,左右に異なる重さの物体を乗せたとき,左右の重さが大きく違うと,重いほうをより重く,軽いほうをより軽く感じるという。これは重さの同時対比の例である。また異なる重さの物体を時間的に前後して持ったり持ち上げたりすると,実際の重さとは異なって感じる。たとえば,野球の打撃練習用のマスコットバットは,通常のバットよりも重く作られている。これはマスコットバットを振った後に通常のバットを振ると,通常のバットが軽く感じられる効果が期待される練習法といえる。この例は重さの継時対比である。

対比と同化は，視覚，聴覚，味覚など，さまざまな感覚に共通して認められる現象である。対比と同化が多くの感覚で認められることは，私たちの感覚がただ1つの情報から絶対的に成り立っているのではないことを示している。私たちの感覚は，空間的，時間的な影響を受けて，複数の情報の相互作用からもたらされるのである。

1.6 視野と眼球運動

　日常の環境で活動するとき，両眼の視野は左右それぞれ約90°（度），合わせて約180°に広がり，上下にはそれぞれ約75°，合わせて約130°の範囲が見えている。ただし視野内のすべてのものが等しくはっきりした色や形をもって見えているわけではない。視線を向けているものは明瞭に見えるが，周辺になるほどぼんやりと見える。

　このような見え方は，網膜を形成する錐体細胞と桿体細胞の働きと分布に関連している（詳細は第2章，第3章参照）。錐体細胞は明るいところで色覚の基礎となる働きをする。桿体細胞は色覚には関与しないものの，わずかな光にも反応し暗いところでも働く。図1.11に示すように，錐体細胞は網膜の**中心窩**という部位に高密度に分布する。桿体細胞は中心窩を除いたほぼ全域に分布

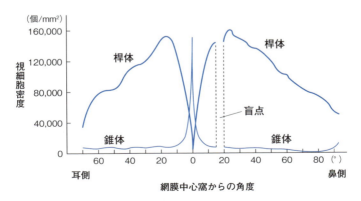

図1.11　網膜における錐体細胞と桿体細胞の分布（佐藤，2000）

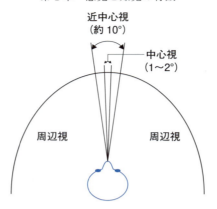

図 1.12　中心視，近中心視と周辺視

する。中心窩は網膜の黄斑部の中心にあり，視野のほぼ中心にある。このことから中心窩とよばれる。中心窩を含んだ視覚は，錐体細胞の働きを中心として，色，形など対象のさまざまな属性に対して高い弁別力をもち，きわめて鮮明に見える。この視野を**中心視**（foveal vision）という。図 1.12 に示すように，中心視は角度で表すと 1° から 2° と，きわめて範囲の限られた視野であるものの，視力はきわめて高い。中心視を取り巻く，約 10° 程度の視野を**近中心視**とよぶ。これら以外を**周辺視**（peripheral vision）とよび，周辺になるほど視力は低下する。ただし周辺視では，暗いところでもごくわずかな光を検出できる。これは，周辺視が桿体の働きが優勢な視野であることによる。苧阪（1994）によれば，中心視は対象が何であるのか（what）を知る役割を担っているのに対して，周辺視は対象がどこにあるのか（where）を知る役割を担っているという。人間は，光を検出できる広い視野をもっているものの，ものが明瞭に見えるのはごく限られた範囲である。

　ここで，中心視がどのくらい狭いか，自分で試してみよう。腕を伸ばして親指を立て，親指を片目で見てみる。このとき親指は明瞭に見える。次いで，眼は動かさずに親指だけゆっくりと動かしてみよう。親指はわずかに位置がずれただけでずいぶんとぼやけて見えるはずである。この本を読んでいるときも，読んでいる文字は明瞭に見えるが，その周辺はぼんやりとしているだろう。

1.6 視野と眼球運動

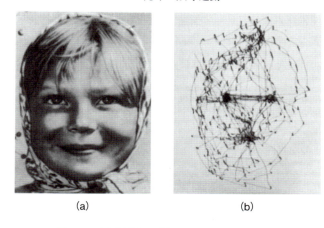

(a) (b)

図1.13 **眼球運動のパターン**（Yarbus, 1967）
少女の写真（a）を観察中の眼球運動の記録例（b）。

　明瞭に見える範囲がごく狭いことで，人間は対象の部分を次々に中心窩でとらえる必要がある。外界の対象や事象を中心窩に保持，もしくは自分の体や頭が動いても中心窩に保持しつづけるために，眼は絶えず動いているのである。このような眼の動きを**眼球運動**（eye movement）という。図1.13はヤルブス（Yarbus, A. L., 1967）が記録した，少女の写真（a）を見ている際の眼球運動の測定結果である。(b) を見ると，眼が動いては止まり，また動いては止まりを繰り返していることがわかる。その動きは，広い範囲を動く場合もあれば，狭い範囲を何度も行ったり来たりする場合もある。眼球運動は，輪郭や境界をなぞるような規則的な動きではない。かといって不規則でランダムなものでもない。ヤルブスの実験では，少女の眼と口のあたりでとくに多くの眼球運動が繰り返されていることがわかる。このような眼球運動の軌跡は，人間が事物を見るとき全体を一度に見るのではないことを示している。視点を次々に変えて見ることにより無数の網膜情報が脳に伝えられ，その情報を脳が解釈した結果が，「見る」という活動なのである。眼球運動は見ることに不可欠な動きである（トピック1.1参照）。

　図1.13（b）のように，人間の眼は特徴から特徴へ眼を動かす急速な飛躍と，動きを止めることを繰り返す。急速な飛躍は**サッカード**（saccade）とよばれ，

運動の休止は固視とよばれる。サッカードにおいて注目する情報に目を向け，固視中に必要な情報を取り込む。図 1.13 の眼球運動は，サッカード眼球運動の記録といえる。サッカードは，刺激が提示されてから運動が始まるまでの潜時が 200 ミリ秒から 250 ミリ秒で，30 ミリ秒から 50 ミリ秒持続する眼球運動である。その速度は通常でも 300°/秒から 500°/秒と急速である。サッカード中は視覚機能が著しく低下する。たとえば 1 行の始まりの文字を凝視した後，1 行の終わりの文字に目を移すと，行中の文字を読むことはできない。このような視覚機能の低下をサッカード抑制という。

トピック 1.1　静止網膜像

　通常，眼球は常に動いている。これはサッカード眼球運動のような大きく急速な動きばかりではない。静止した対象を固視しているときにも，とても小さな動きではあるが，実際には眼は動き続けているのである。このように不随意に起こる微小な眼の揺れを固視微動という。眼が揺れていることは，網膜像も揺れていることになるので，安定した視覚のためには，眼の揺れは不必要なものにも思える。この眼の揺れの役割を明確に示す実験として静止網膜像（stabilized retinal image）実験がある。

　実験参加者は，図 1.14 に示すようなコンタクトレンズを使った特殊な装置を眼に装着して，コンタクトレンズに装着されているフィルムで投影された画像を見る。この画像は実験参加者の眼の動き（固視微動）に合わせて動くために，網膜に映った像は止まったままになる。これが静止網膜像の実験である。この状態で観察を続けると，数十秒後には見ていた対象が消えて見えなくなり，背景の色に覆われてしまう。図 1.15 には，実験において観察された図形の消失と出現の様子を示す（Pritchard, 1961）。四角形の例では，視野の中の 1 本，もしくは平行線が単位として消えて見えなくなることがわかる。

　静止網膜像の現象は，固視微動が視覚を維持するために必要不可欠であることを示している。眼は常に「動いている」ことが重要なのである。固視微動のような揺れは不必要なものではなく，揺れがなければ見えない。私たちの脳は，安定した視覚世界をつくり上げるために，網膜像の揺れを

1.6 視野と眼球運動

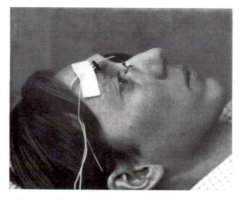

図 1.14　静止網膜像実験（Pritchard, 1961）
実験参加者の眼にコンタクトレンズを装着し，刺激提示フィルムを観察させ，実験参加者に，何が見えているかを口頭で報告させる。

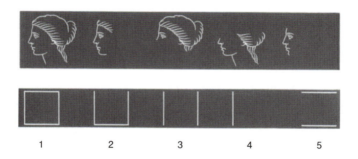

図 1.15　プリチャードの実験結果の一例（Pritchard, 1961）
複雑な図である上図も，直線だけでできた下図でも，特徴の一つもしくは特徴の集まりが単位となって，出現と消失を繰り返していることがわかる。数字は見えている順番を示す。

補正する仕組みを備えてもいるのである。
　特殊な装置を使わなくても，静止網膜像に似た経験ができる。図 1.16 のぼやけた円を意識しながら，中心の小円をじっと見つめてみよう。数十秒間凝視すると，ぼやけた円は消えて見えなくなるだろう。眼を動かせば，ぼやけた円はすぐに見えるようになる。この現象は，発見者の名前からト

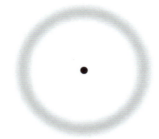

図 1.16 トロクスラー効果

ロクスラー効果（Troxler's effect）とよばれる。この消失現象も固視微動に関連する。対象を注視することで固視微動が減少する。固視微動がわずかに減少するだけでも，周辺視野の視覚能力は低下する。このことによってぼやけた円が消失するのである。

1.7 感覚間の相互作用

　日常において，これまで述べてきたような感覚が同時に協調的に働き，感覚同士が相互に影響し合っているからこそ，私たちは円滑で柔軟な活動ができる。

　異なる感覚どうしを統合して，一連の知覚像を得る過程を，視覚と聴覚を例として考えてみよう。たとえば，遠くに上がった花火は花火が見えた後に，音が聞こえる。これは，聴覚刺激は視覚刺激よりも，空気中をゆっくりと伝わることによる。聴覚刺激と視覚刺激とでは，物理的特性が異なっている。加えて，眼と耳にそれぞれの刺激が入ってから情報を処理する時間（意識に上る時間）も，視覚と聴覚では異なる。人間の感覚においては，聴覚刺激よりも視覚刺激のほうが，意識に上るのが遅いのである。しかし視覚刺激のほうが遅いからといって，友人の笑い声が聞こえてから，笑顔を見るということは起こらない。友人の笑い声と笑顔は同時である。脳は異なる感覚からの情報を，矛盾なく，同時に生じたものとして統合するのである。これらは，異種感覚の同時性の知覚や，異種感覚の統合の問題である。

1.7 感覚間の相互作用

　視覚と聴覚の統合の例として，**腹話術効果**とよばれる現象がある。普段，テレビを見ているとき，テレビに映る人物の声は，その人物から発せられているように感じる。実際にはテレビのスピーカーは，人物の口ではなく，画面の左右か下部にある。しかし，このことを知っていても人物の口から声が聞こえているように感じる。これは腹話術師が，自分が発する声を，あたかも手に持っている人形が発しているかのように演じるのに似ていることから，腹話術効果とよばれる。腹話術効果は，視覚刺激と聴覚刺激が異なる位置から同時に提示されたとき，視覚情報に基づいて知覚が決定されること示している。これを**視覚優位**（visual dominance, visual capture）**の統合**とよぶ。

　視覚刺激と聴覚刺激を同時に提示したとき，観察者は聴覚刺激に気づかないことを示した研究もある。コラヴィータ（Colavita, F. B., 1974）は，視覚刺激，聴覚刺激が検出できたらそれぞれの刺激に対応したボタンを押すという実験を行った。この実験では，視覚と聴覚の両刺激の主観的な強度を等しくして，同時に提示するように工夫した。すると，観察者たちは視覚のボタンだけを押し，聴覚刺激に気づかなかったという。コラヴィータによれば，視覚刺激に対する聴覚刺激の主観的強度を2倍にしても，同様な結果が得られたという。

　一般的には，視覚が他の感覚に強い影響を示す実験結果が多い。たとえば，飲み物の色を見ないで飲んでもらうと，何味なのかを同定する正答率が低下する。これは視覚が味覚に影響を及ぼす例である。また特殊なレンズを通して，見えている大きさと触っている大きさに矛盾が生じるようにすると，大きさの判断は見えている大きさによって規定される（Rock & Victor, 1964）。これは視覚が触覚に影響を及ぼす例である。

　ただし視覚が常に優位に他の感覚に影響を及ぼすわけではない。聴覚が視覚に影響を及ぼす現象もある。たとえば，1回だけフラッシュが点滅する視覚刺激を提示する。このとき，一方の視覚刺激にはビープ音を1回提示し，もう一方の視覚刺激には2回のビープ音を提示する。つまり視覚刺激が同一で，聴覚刺激の異なる状況である。実験参加者は1回しかフラッシュを見ていないにも関わらず，2回の聴覚刺激の影響を受けて，2回フラッシュが見えたと判断するという。この現象は**ダブルフラッシュ錯覚**とよばれる（Shams et al., 2000）。

これは，聴覚が視覚に影響を及ぼす例である。

　視覚優位の統合以外にも多様な統合の仕方がある。つまり感覚の統合は，異なったモダリティからの情報を等しく重みづけて行われているのではない。一般的には空間に関わる事象には視覚が他の感覚よりも優位に，時間的な事象には聴覚が他の感覚よりも優位になることが多い。

1.8　知覚情報処理

1.8.1　ボトムアップ処理とトップダウン処理

　多くの感覚情報を統合して知覚像が得られるまでの知覚情報処理には，大きく分けて2つの流れがある。図 1.17 に示すように，**ボトムアップ処理**と**トップダウン処理**である。ボトムアップ処理は，低次から高次への知覚情報処理の流れであり，**データ駆動型処理**ともよばれる。トップダウン処理は，高次から低次への処理の流れであり，**概念駆動型処理**ともよばれる。視覚の場合，ボトムアップ処理は，外界から眼に到達した情報が，脳で解析される一連の視覚情報処理過程を指す。具体的には，網膜像に含まれる情報から，輪郭，明るさ，色などの2次元的な特徴の解析に次いで，より高次な3次元的な特徴の解析を

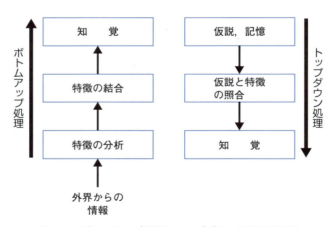

図 1.17　ボトムアップ処理とトップダウン処理の概念図

1.8 知覚情報処理

図 1.18　**若い女性とサックスを吹く男性**（Cavanagh, 1999）

通して，事物の知覚が得られる過程である。トップダウン処理は，観察者の記憶，知識，仮説，期待や予期などの高次な認知情報が知覚に影響を及ぼす過程である。

　これらの知覚情報処理は，低次水準，中次水準，高次水準のように階層的な流れをもつと考えられ，情報の流れは双方向性が仮定される。視覚の場合，ボトムアップ処理は，一つひとつの部品を組み合わせて全体を完成させる作業に例えることができる。視覚像を得るためには，この処理系だけで十分に思えるかもしれない。しかし，もう一方の処理系が必ず必要である。図 1.18 は若い女性にもサックスを吹く男性にも見えるだろう。このような図形は多義図形（第 4 章参照）とよばれる。この図の知覚を考えると，どちらに見えている場合でも，感覚に入力された情報は同じである。カバナ（Cavanagh, P., 1999）は図 1.18 が 2 通りの見え方をすることについて，ボトムアップ処理過程だけではすべての知覚を説明することはできないと指摘している。なぜなら 2 通りの見え方は，感覚データを記憶と照合させて解釈する過程，すなわちトップダウン処理過程がなければ生じないはずだからである。

1.8.2　文脈効果

　トップダウン処理は，先の多義図形のような図形ばかりで働くのではなく，日常の知覚でも生じている。たとえば，黒っぽい服を着て森で作業をしていた

ために,クマと見間違えられてしまい,発砲されるというような事故がある。これは森という文脈に影響を受けた知覚の例である。このように,周辺の情報もしくは先行して提示された情報に影響を受けて知覚が変化することを**文脈効果**(context effect)という。

パーマー(Palmer, S., 1975)は図 1.19 に示すような実験刺激を使用して,日常的な場面での物体の認知の文脈効果を調べた。実験参加者の課題は,図の左側(a)の文脈場面を提示されたのちに,右側(b)の目標対象を命名することである。A のパンは,台所という文脈となる場面に適切な対象である。B の郵便箱は,適切な対象であるパンと見かけが似ている。C の太鼓は,適切な対象にも似ておらず,文脈場面に不適切な対象である。命名の正答率は A が約 90%,B が約 40%,C が約 55% であった。文脈に適切な対象がもっとも正答率が高く,適切な対象と見た目が似ているが違う対象が,もっとも正答率が低かった。知覚が常にボトムアップ処理だけで生じるのなら,3 つの対象の正答率に大きな違いはないはずである。このような実験結果は,知覚に知識や記憶が影響していなければ得られないのである。

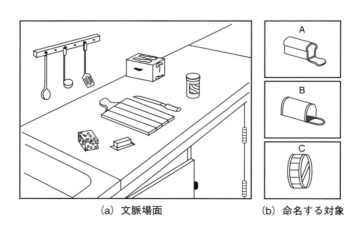

(a) 文脈場面　　　(b) 命名する対象

図 1.19　文脈効果の実験例 (Palmer, 1975)

1.8.3 知覚の選択性——選択的注意

　トップダウン処理や文脈効果は，私たちの感覚や知覚が，外界からの情報を単に受動的に受けとって処理した結果得られるものではないことも示している。脳は，すべての情報を等しく重みづけするのではなく，いくつかの特定の情報を選択するという能動的な処理を行っているのである。このことを端的に示す現象として，**選択的注意**（selective attention）がある。大勢の人が話をしているパーティ会場のような騒がしい場所であっても，他の人々の会話と混同することなく，友人同士の会話を選択的に聞くことができる。ただし他の人々の会話であっても，その中に自分の名前が出てきたら，即座にそちらに注意が向く。これは聴覚の選択的注意の例であり，**カクテル・パーティ効果**（cocktail party effect）とよばれる。

　視覚的な選択的注意をサイモンズとシャブリス（Simons, D. J., & Chabris, C. F., 1999）の実験で説明しよう。この実験の参加者は，図1.20に示すような，男女がバスケットボールのパスをしているビデオ映像を見る。参加者は，白いシャツを着た人たちが行ったパスの回数を数えなければならない。パスは速く回数も多いため，参加者は注意を集中してビデオを見る必要があった。ビ

図1.20　サイモンズとシャブリスの実験の一部（Simons & Chabris, 1999）
観察者が見るビデオ映像には，人々がパスをする中央でゴリラが胸を叩いて歩き去る場面もある。

デオを見た後，参加者は課題以外に気づいたことを尋ねられた。実はこのビデオには，着ぐるみのゴリラが，人々がパスをしている中を歩く場面が写っている。しかし参加者の約半数は，ゴリラの存在にまったく気づかなかったという。参加者は目の前のビデオを見ている。しかし映像に映るゴリラは見えなかったのである。この現象は，**非注意性盲目**（inattentional blindness）とよばれる。この現象は，脳は注意していない情報を意識から取り除いていることを示している。

1.8.4 注意の機能

注意には，先に紹介したように感覚入力を選択する働きがある。サイモンズとシャブリスの実験結果は特殊な例のように思われるかもしれないが，日常生活でも注意を向けていなかったために気づくのが遅れた，もしくは気づかなかったといったような経験は誰しもあるだろう。このように注意と視覚は切っても切れない関係にある（**トピック 1.2** 参照）。

注意は情報を選択するばかりでなく，注意を向けた対象の検出や弁別を促進する。このことを示す代表的な研究として，ポズナーの行った実験がある（Posner, 1980）。この実験で，実験参加者は光点が表示されたらできるだけ早くボタンを押すように求められる。実験参加者は，図 1.21 に示すような画面

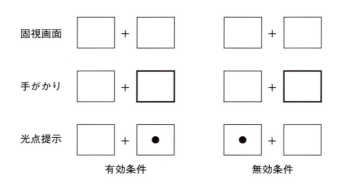

図 1.21 ポズナーらの実験の概略（実験画面は Posner, 1980 を一部改変して作図）
手がかり画面において枠が太く描かれている側に，手がかりが提示される。

の＋印を凝視している。次いで，手がかりが右か左かに提示される。この実験では，手がかりの位置と光点の位置が実験条件となる。手がかりが右に出た場合，光点も右に提示される条件と，光点が左に提示される条件を比較するのである。手がかりも光点も右に出る条件を有効条件，手がかりが右で光点が左に出る条件を無効条件とよぶ。実験参加者は光点がどちらに出ても，とにかく光点が出たら1つのボタンを押せばよい。光点が出てからボタンが押されるまでの時間，すなわち単純反応時間を測定する。図 1.22 から明らかなとおり，単純反応時間は無効条件に比べ有効条件のほうが速い。実験結果は，あらかじめ注意を向けておくと後の対象の検出が促進されることを示している。

手がかりをあらかじめ提示するポズナーの実験方法は，先行手がかり課題とよばれる。この実験は単純な課題を使用しながら，誰もが知ってはいるものの測定することが難しかった「注意」を定量的に測定できることを示した。ポズナーの先駆的実験以降，注意は盛んに研究が行われるようになった。現在，注意が視覚においてさまざまな役割を果たすことが明らかになっている（詳細は熊田（2012）を参照）。

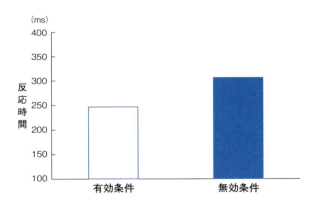

図 1.22　ポズナーの実験結果の一部（Posner, 1980 より作図）

トピック 1.2　半側空間無視

注意が視覚に大きな影響を与えることは，半側空間無視（unilateral visual neglect）の症状からも明らかである。図 1.23 は，脳の頭頂葉（第 2 章参照）の右側に病変をもつ人が描いた絵である。単純な線で描かれた絵を模写してもらうと，図中の右図のように，対象物の右半分だけが描かれる。つまり病変をもつ反対側は無視して絵を描いているのである。このような症状をもつ人たちは，食事の際に右側にある食べ物だけを食べ，左側にある食べ物を無視する。食事をすべて通常の視野の右側に置いたとしても，その右半分だけを食べ左側は残してしまう。

半側空間無視は，視覚ではなく，注意の障害である。たとえば食事中に「左を見て」と言われれば，左側の物を見ることができ，食べることもできる。この症状は左側に「自発的に注意を向けようとしない」(熊田, 2012) ことから起こる。この症状が示すことは，視覚は正常に働いていても，「注意」が向いていなければ，対象は認識されないということである。半側空間無視の症状は，頭頂葉の病変によって右側の無視を示す患者もいるが，左側を無視する患者が多いことも知られている。

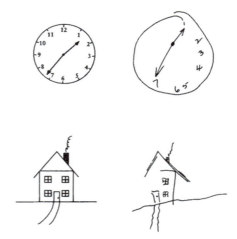

図 1.23　右頭頂葉に病変のある患者の描いた絵（Posner & Raichle, 1994）
左側に示す元の図形を模写するよう求められた患者の描いた絵が，右側の絵である。時計の枠は円に描かれるが，原図の左側にある細かい箇所は，ほぼ描かれないことがわかる。

1.8 知覚情報処理

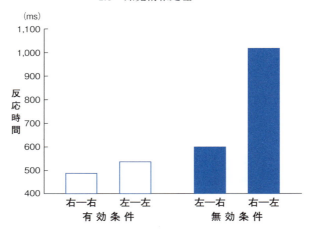

図 1.24 半側空間無視の参加者たちによる先行手がかり課題実験の結果
(Posner et al., 1984をもとに作図)
図中「右―右」は，手がかりが右側に提示，光点も右側に提示されたことを意味する。左―左，左―右，右―左も手がかりと光点の位置を示す。

　ポズナーらは，半側空間無視は注意の障害にその原因があることを，先の先行手がかり課題を使用して明確に示した。図 1.24 は右頭頂葉に病変のある人たちが実験参加者となって行われた実験の結果を示す。図の左側は，手がかりと光点の左右位置が一致する有効条件の結果である。この図が示すように，手がかりと光点がどちらも左側に提示されても，右側に提示されても，単純反応時間に大きな差異は認められない。この結果は，左側を無視する症状をもつ人であっても，手がかりによって適切に注意を向けることができさえすれば，視覚による反応は正常なことを示している。つまり半側空間無視の症状は視覚の障害によるものではない，ということである。反応時間が長くかかるのは，手がかりが右側に，光点が左側に提示される無効条件である。手がかりが左側に提示され，光点が右側に提示される無効条件でも有効条件よりも反応時間は長くかかっている。ただし手がかりが右側，光点が左側の無効条件に比べれば速い。手がかりが右側，光点が左側の無効条件の結果は，左側を無視する症状をもつ人は，いったん注意が右側に向いたら，そこから注意を引き離して左側に注意を向けなおすことが難しいことを示している。

●練 習 問 題

1. 刺激閾と弁別閾についてまとめてみよう。また，日常経験している刺激閾，弁別閾の具体例を考えてみよう。
2. 感覚の尺度化について，3つの法則の特徴と違いについてまとめよう。
3. 感覚と知覚は周りの影響を受ける相対的なものである。相対性を示す感覚現象をまとめてみよう。また，それらの現象の日常例を考えてみよう。

●参 考 図 書

三浦佳世（2007）．知覚と感性の心理学　岩波書店

　本章だけでなく，本書全体の内容について参考になる。視覚心理学の入門的な内容についても十分な記述があるが，視覚研究の第一人者としての著者の洞察力に富んだ指摘も勉強になる。

ラマチャンドラン，V. S.・ブレイクスリー，S.　山下篤子（訳）（1999/文庫版
　　2011）．脳のなかの幽霊　角川書店

　著者のラマチャンドランは，脳科学者であり，心理学者でもある。この本はいわゆる教科書ではない。著者が遭遇した患者たちの症状から，人間の脳の働きやその仕組みが平易な言葉で語られている。この本で取り上げられている脳のもたらす諸現象は，幅広いものである。脳と知覚，脳と意識の問題に関心がある人に読んでいただきたい書である。

熊田孝恒（2012）．マジックにだまされるのはなぜか──「注意」の認知心理学──
　　化学同人

　本書では注意についての研究をあまり多くは紹介できなかったが，注意に関心のある人にはこの本がとても参考になるだろう。タイトルに「マジック」とあるように，マジックを注意の身近な日常例としている。これまで行われてきた心理学実験を含め，人間のもつ注意の能力についてわかりやすい解説がある。

感覚と知覚の神経心理学

　本章では視覚系の神経生理学的機構を中心に解説を加える。この領域は近年とくに進歩が著しく，これまで視覚機能として扱われてきた，色知覚，形の知覚，空間視・立体視，運動知覚などの分類に対して神経生理学的根拠を示す知見が多く報告されている。とくに大細胞系と小細胞系，顆粒細胞系の理解は各知覚機能の理解を深めることに役立つはずである。さらに大脳皮質連合野と結びついた背側路および腹側路と大小細胞系を関連づけることによって，高次な視覚機能の全体像の理解も進むことが期待される。また眼球の網膜は第2の脳ともよばれているが，初期段階の視覚情報処理プロセスについても理解を深めてほしい。

2.1 はじめに

　眼球の瞳孔を通して入ってきた光刺激が水晶体，硝子体を通って，網膜の最奥部に存在する光受容細胞（錐体と桿体）を刺激し，そこから視覚系の情報処理が始まる。その後対象の認識およびそれに対する行動が生じるまで，さまざまな視覚経路が複雑に連絡し合っていることがわかっている。この章では，眼球の構造の説明から始め，外側膝状体，大脳後頭葉視覚野，その後の連合野の働きまでを概観する。

2.2 眼球の構造

　図2.1 は眼球の構造を図示したものである。眼球のもっとも外側には**角膜**（cornea）があり，その奥には**水晶体**（lens）が位置している。水晶体前面の外側には**虹彩**（iris）が，カメラでいう絞りの役割を果たし，**瞳孔**（pupil）の大きさを変えて眼球内に入る光量の調節を行っている。ただし瞳孔の大きさは，光量の調節だけではなく，トピック2.1 に示すように，認知的・情動的要因に

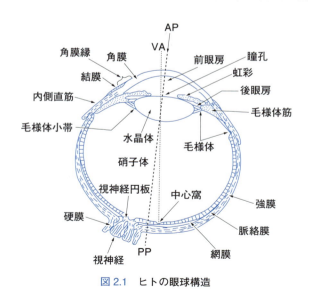

図2.1　ヒトの眼球構造

2.2 眼球の構造

よっても変化することが知られている。

　水晶体はレンズの役割を担っており，視対象の像が網膜上に結像するように，視対象の距離に応じてその厚さを変えるという機構を有している．魚類は，球体の水晶体をもち，カメラのように，網膜上に結像させるために水晶体を前後に移動させる機構を有しているが，爬虫類や鳥類，ヒトを含む哺乳類では，レンズの厚さを変えることによって網膜上に視覚像を結像させる機構が一般的であり，これは調節（accommodation）とよばれている．この機構には，水晶体の周囲に密着している毛様体筋（ciliary muscle）とチン氏体（zonules of Zinn）が関与しており，視対象が近くに位置するときは水晶体の屈折率を高めるために毛様体筋が緊張してチン氏体による水晶体の外側への引っぱりを弛緩させ，水晶体の厚さを増大させている．逆に，視対象が遠くに位置するときは，毛様体筋が弛緩し，その結果としてチン氏体が水晶体を外側へ引っぱって水晶体を薄くするため焦点距離は遠くなる．年齢を重ねることによって毛様体筋の緊張度の低下や，水晶体の弾性の低下等によって水晶体の調節機能が低下し，近くのものが見えにくくなる老視（老眼；presbyopia）が出現するようになる（トピック 2.2 参照）．

トピック 2.1　情動および認知と瞳孔サイズの関連性

　一般的に，光量を調節するために瞳孔サイズは変化するが，心理状態に応じて変化することもよく知られている．たとえば，ポーカー等のゲームを行っている際，強いカードが自分に来た場合，それによって情動の変化が生じて瞳孔が大きくなることがある．また，貴金属の取引きにおいて，自分にとって有利な取引きになりそうな状況においても，情動的変化が生じて，瞳孔が拡大することもよく知られている．そのために昔から，ポーカープレーヤーや貴金属・宝石のブローカーは，サングラスをかけることによってこの瞳孔の変化を取引き相手に気づかれないように気をつけているといわれている．すなわち，自分にとって都合の良い条件が提示されたとき，サングラスを外すことによって，一時的に瞳孔は縮小し，情動の変化に気づかれるのを避けることができるのである．1960 年代は，図 2.2 に示すように，男性と女性に対して図に示した刺激写真を提示したとき，

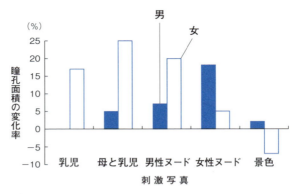

図 2.2 情動的視覚刺激に対する男性と女性の瞳孔サイズの変化
(Hess & Polt, 1960)

性別および刺激写真に応じて瞳孔サイズが変化することを報告したヘスとポルト (Hess, E. H., & Polt, J. M., 1960) を初めとして，主に情動と瞳孔サイズ変化との関連性について研究されてきた (Janisse, 1973)。最近では，情動的にポジティブな音とネガティブな音を提示した際，ニュートラルな音に比べて，瞳孔が大きくなることが報告され，情動的な聴覚刺激と瞳孔サイズとの関係についても報告されている (Partalaa & Surakka, 2003)。1970 年代以降，認知との関連性について調べる研究も多くなされており，現在では，認知処理の負荷に応じて瞳孔サイズが変化するという研究も多い (Beatty & Wagoner, 1978, 2000)。

また，瞳孔の大きさが他者に与える魅力度の印象に関係していることも一般的に知られていることである。デモスら (Demos, K. E. et al., 2008) は，瞳孔のサイズだけが異なる女性の顔を刺激として用い，瞳孔が大きいときに，情動ならびに情動の記憶に関与するといわれている**扁桃体** (amygdala) の反応が大きくなることを示している。また，このことは古くから経験的に知られており，ルネッサンス期のイタリアでは，女性が自分の魅力を強調するために**ベラドンナ**という植物からとった薬物を点眼して散瞳薬として用いていた。ベラドンナという名称はこれに由来するもので，イタリア語の「美しい女性」を意味するものである。

トピック 2.2　視力と空間周波数

　デジタルカメラの解像度は，どの程度被写体の細部まで撮影することができるかを示す指標であり，通常は画素数によって表されている。ちなみに，iPhone 6 のカメラの画素数は，縦（3,264）×横（2,448）のおよそ 800 万画素によって構成されており，被写体の細部まで画像として残してくれる。

　それに対して私たちの眼の解像度は画素数によってではなく，中心視したときの**最小分解角**（limiting resolving angle），すなわち**視力**（visual acuity）によって表される。視力には動体視力や周辺視力などもあるが，ここでは中心視における視力について，本邦で一般的に用いられている**ランドルト環**（Landolt ring）による視力検査を例に説明する。図 2.3 に示したものがランドルト環を用いた視力検査の模式図である。通常は 5 m の距離をおいてランドルト環を観察し，円環の切れ目の方向を答えるというものである。円環外周の直径：円環の幅：切れ目の幅の比は 5：1：1 と決められている。この比率のままランドルト環を縮小していき，切れ目の方向を識別できる最小の切れ目幅の視角（最小分解角，単位：分）の逆数が視力として表される。したがって標準視力 1.0 における最小分解角は 1′ である。この最小分解角が大きくなるに従って視力は下がる。たとえば，最小分解角が 5′ であれば視力は 0.2 となる。ではどの程度の幅が視角 1′ であろうか。5 円硬貨の中心の穴の直径は 5 mm であるが，これを指先につまみ，腕をいっぱいに伸ばしたとき（約 57 cm）のこの穴の視角が，多少の個人差はあるものの，およそ 30′ で，このときの 1′ は約 0.17 mm となる。

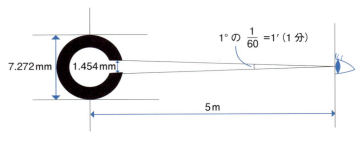

図 2.3　ランドルト環視力検査の模式図

音刺激がさまざまな周波数成分（Hz；ヘルツ）に分解できるのと同様に，視覚刺激にもさまざまな幅の成分が含まれていると考えることができる。私たちの視覚系はさまざまな幅に対して特定的に反応するチャンネルが存在し，それらの入力を合成して1つの視覚像を作り上げている（Blakemore & Campbell, 1969）。画像工学や知覚心理学の分野ではこの幅を空間周波数（spatial frequency）として表現することによって画像処理プロセスの研究を進めてきている。空間周波数（cycle/deg）は，視角1°の空間的範囲の中に白黒の縞（これを1周期とする）が何周期存在するかによって表される。先述の5円硬貨を例に述べると，中心の穴（視角0.5°）の中に15周期の縦縞があれば，その縦縞の空間周波数は30 cycle/degということになる。実はこの空間周波数によっても視力を表すことが可能である。一様な灰色面ではなく縞模様として知覚できるということは黒縞と黒縞の間の白縞を識別できるということであり，30 cycle/degのときの白縞の幅は視角1′となるので，この空間周波数は標準視力1.0とほぼ同等といえる。逆にこの縦縞を見てもそれを縦縞として認識できず，一様な灰色としか見えないとしたら，その観察者の視力は1.0以下ということになる。そこで縦縞の幅を大きくしていき，すなわち空間周波数を低くしていき，たとえば15 cycle/degのときに初めて縦縞として認識できたとすると，そのときの白縞の幅は視覚2′となるので，視力0.5と同等となる。この原理を応用することによって，ランドルト環の切れ目の方向を答えることのできない乳児の視力測定が可能となり，これまでに，新生児の視力がおよそ0.03で，生後3カ月にはおよそ0.1になることなどがわかっている。

　また音刺激同様，視覚刺激もフーリエ分析（Fourier analysis）によって各空間周波数成分に分解することができる。実際に，視力が低い場合を除いて，視覚系において特定の周波数成分だけを抽出した視覚像を経験することはないが，画像工学においてはそれが可能で，画像の中の特定の空間周波数成分だけを取り出した画像を作成し，視覚系の処理プロセス研究に応用している。たとえば，2つの画像のうち一方は高空間周波数成分だけを取り出し，他方は低空間周波数成分だけを取り出してそれらを合成して作成したハイブリッド画像（hybrid image）とよばれるものがある。図

2.4 の画像はオリバら（Oliva, A. et al.（©Hybrid Images@MIT））によって 2015 年に YouTube の AsapSCIENCE に投稿されたもので，低い空間周波数成分だけをもつマリリン・モンローの画像（左）と高い空間周波数成分だけを抽出したアインシュタインの画像（右）（図 2.5）を合成したものである。視力が高い場合は高空間周波数成分の処理が可能であるが，視力が低いと高空間周波数成分の処理が不十分となり，低空間周波数成分を主に処理することになる。したがって，視力の低い観察者にはマリリン・モンローが見え，視力が高い観察者にはアインシュタインが見えるとい

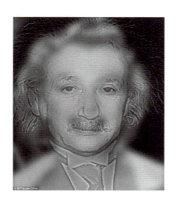

図 2.4 視力および観察距離によって見える顔が変化するハイブリッド画像
（©2007 Aude Oliva, MIT）

図 2.5 空間周波数低周波成分を抽出したマリリン・モンロー（左）と高周波成分を抽出したアインシュタインの画像（右）（©2007 Aude Oliva, MIT）
この 2 つの画像を合成してハイブリッド画像を作成する。

う現象が出現する。ただし，画像を近づけたり遠ざけたりすることによって視角が変わり，処理される空間周波数成分も変化するため，見える顔も変わってくる。

　では，視力が低いということはどういうことであろうか。一般的には，発達の過程で6歳になる頃には標準視力の1.0に到達しているが，さまざまな要因によって視力の発達が阻害されたり，視力が低下するということが起きる。この視力低下の代表的な状態が近視（myopia）である。正常な視力においては水晶体の厚さを調節することによって網膜上に焦点の合った視覚像を投影することができるが，近くの物を見続ける等の経験によって水晶体が厚い状態が続き，そのために水晶体が厚い状態に固定されてしまうことがある。その結果，遠くの物を見ても網膜の手前に焦点を結んでしまい，視覚像がぼやけてしまうことになる。これがいわゆる近視といわれる状態である。

　また，年齢が上がるに従って老視（presbyopia）という視力低下現象が生じる。老視は，年齢に伴う水晶体の弾性の低下と毛様体筋の緊張力の低下によって水晶体の焦点を網膜の後方に結ぶことによって生じるものである。同様の現象として遠視とよばれる視力低下現象があるが，遠視はもともと視軸が短く，水晶体の焦点が網膜より後方で結ばれてしまう視力障害である。若い人の遠視の場合，調節能力は高いので，無理に毛様体筋を緊張させて焦点距離を近くしようとすることが多くなり，その結果，眼が疲労しやすくなるというような問題が生じる。

　光学的にはレンズには球面収差（spherical aberration）があり，凸レンズの場合，レンズの中心部の焦点距離は遠く，周辺部の焦点距離が短いという特徴がある。水晶体も一種のレンズであるために，同様の球面収差がある。したがって，近視の場合，親指と人差し指を使って小さなのぞき穴を作り，それを通して見ると，水晶体の中心部だけで見ることになり，焦点距離が長くなるため，より鮮明な視覚像を得ることが可能となる。ただしこの球面収差については以下の理由によって，通常の観察状況においてはまったく問題にならないので，私たちはそれに気がつくことは少ない。①角膜および水晶体の曲率，屈折率が周辺に向かって小さくなり，収差を小さくしている。②虹彩が収差の大きい周辺部への光を遮っている。③網

膜の中心窩周辺では視力が極端に低下するので，収差が問題にならない。

またレンズには**色収差**（chromatic aberration）というものもある。これは波長によって屈折率が異なるというもので，プリズムを通すと分光することからもわかるように，波長が長い赤は焦点距離が長く，波長が短い青は焦点距離が短い。ただし，これも光受容細胞である錐体は一定の幅のスペクトル感度をもっているために普段の状況においてこれが問題になることはない。眼鏡をかけている人が横に輝度のグラデーションのある縦縞を観察するとき，横目で観察した場合と，まっすぐ観察した場合とでその色味が異なるが，これは眼鏡レンズの色収差によるものである。図 2.6 のように，輝度グラデーションの方向が異なる縦縞を上下に並べた場合，単にグラデーションの方向が異なるだけであるが，眼鏡をかけた人には上下で少し色味が異なって知覚される。さらに顔を交互に左右に背けて横目で見ると，上下の色味が変化する様子を観察することもできる。

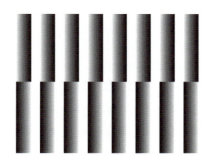

図 2.6　**横に輝度のグラデーションをもつ図形**
上下の違いはグラデーションの方向が違うだけであるが，眼鏡をかけた人には上下で色味が異なって見える。左右に首を振って横目で見ると上下で色味が逆転して見える。

受容野：環境内の刺激物体の物理エネルギーが網膜上の光受容細胞を刺激することによって，網膜から大脳皮質に至る経路（網膜神経節細胞→外側膝状体→大脳皮質視覚野→連合野）に沿ってそれぞれの細胞が発した電気信号が伝達される。しかし網膜光受容細胞群の反応と経路上のそれぞれの細胞群の間は 1 対 1 に対応しているわけではなく，それぞれの細胞は末梢である光受容細胞のある範囲に対応して反応している。この受け持っている末梢の範囲を受容野とよぶ。ただし，

受容野は単純にその範囲の反応を次へ伝達するだけではなく，それぞれの受容野の性質に応じた反応が生じ，それが次へ伝達されている。一般的に，処理レベルが末梢から高次へ移行するに従って，受容野のサイズは大きくなる。また，処理レベルにおいて，受容野の形態や反応様式は異なっており，それに応じた機能をもつことが知られている。たとえば，網膜神経節細胞の多くは円形の受容野をもっており，中心部と周辺部では拮抗的な反応を示す。V1の単純細胞は長方形か楕円形の受容野をもち，拮抗的反応を示す領域が隣り合っているが，同じくV1の複雑細胞は拮抗する領域をもたない。最近では，受容野の反応を抑制する受容野の存在が指摘され，従来の受容野を古典的受容野（classical receptive field），その反応を抑制する受容野を非古典的受容野（non-classical receptive field）とよんで主に特徴検出に寄与する機能として研究が進められている。

2.3 網膜の構造

眼球の水晶体および硝子体を通過した光は，図2.7に示すように，網膜の最奥部に存在する光受容細胞を刺激する。この光受容細胞には錐体（cone）と桿体（rod）がある。私たちが視対象を凝視したときにその視覚像が結像する網膜上のほぼ真ん中の黄斑部（macular）に位置する中心窩（fovea）付近に多く分布しているものが錐体で，これは波長によって感度が異なる3種類に分類される。すなわち，赤に近い564 nmの波長にもっとも感度の高いL（long）錐体，緑に近い534 nmの波長に感度の高いM（middle）錐体，青に近い420 nmの波長に感度の高いS（short）錐体の3種類である（図2.8（口絵）参照。詳しくは第3章「明るさと色の知覚」の章を参照のこと）。ただしS錐体は中心窩の中心部，直径約0.2 mmの中心小窩（foveola）には存在しないことがわかっている。また，図2.8（口絵）に示すように，桿体の感度曲線は波長498 nmの緑にピークがあるが，これは桿体の感光色素がロドプシン（rhodopsin）で，その色が紫であることによる。すなわち，桿体は青と赤（紫）を反射して緑を吸収するために緑に対して感度が高くなる。

中心窩を意味するフォビア（fovea）とはラテン語で「くぼみ」を表しており，図2.1からもわかるように，網膜中心部のくぼんだ部位を示すものである。新生児においてはこのくぼみはみられないが，発達するにつれて，この部位に

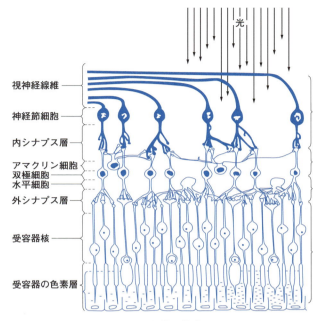

図 2.7 網膜の模式図
奥のほうから光受容細胞，水平細胞，双極細胞，アマクリン細胞，神経節細胞の順に並んでいる。

存在していた水平細胞，双極細胞，アマクリン細胞，神経節細胞が中心窩周辺に移動して光受容細胞が前面に現れて，このようなくぼみが出来上がる。この発達的変化と同時に，周辺部に存在していた錐体が中心窩に集中するように移動し，逆に桿体は周辺部に移動することも知られている。錐体は色知覚と明所視（photopic vision）に関与しており，光に対する感度は低い。それに対して暗所視（scotopic vision）を担っている桿体は感度が高い。桿体は中心小窩にはまったく存在しておらず，網膜周辺部に多く分布している。

　左右それぞれの眼に，桿体は 1 億～1 億 2,000 万個，錐体は約 600 万個存在している。薄明かりのある薄明視（mesopic vision）においては錐体，桿体両方が機能しているが，明所視において，桿体は感度が高すぎるために飽和状態にあり，ほとんど機能していない。逆に暗所視においては，感度が低いために錐体はほとんど機能していない。

光受容細胞の反応は，その後光受容細胞間を繋ぐ**水平細胞**（horizontal cell），光受容細胞と神経節細胞間を繋ぐ**双極細胞**（bipolar cell），神経節細胞間を繋ぐ**アマクリン細胞**（amacrine cell）の処理を経て，網膜最前面に分布する**神経節細胞**（ganglion cell）の処理を受けて，中心窩から 12〜15°内側にある**盲点**（blind spot, disk）から視神経となり，**外側膝状体**（Lateral Geniculate Nucleus；**LGN**）あるいは**上丘**（superior colliculus）へ伝達される。盲点には光受容細胞は存在せず，普段意識することはないが，その部分だけ視覚像は欠損している。この盲点における視野の欠損を以下の方法で経験することが可能である。まず，左眼を閉じて，右眼の前方約 30 cm の位置に左手人差し指を置き，その先端を凝視する。左手を動かさずに凝視したまま，右手人差し指を左手人差し指と同じ位置から徐々に右へ移動させる。すると左手人差し指から右へ 6〜7 cm の位置から，いったん右手人差し指の先端が見えなくなり，さらに右へ移動させるとまた現れてくる。この見えなくなった位置が，右手人差し指の先端が網膜上の盲点に像を結んでいる位置である。

神経節細胞の数はおよそ 100 万個で，およそ 1 億 3,000 万個の光受容細胞の反応が 100 万個に圧縮されており，網膜上である程度の視覚処理が進んでいることが理解される。ただし中心小窩付近の処理に関しては，錐体と双極細胞，神経節細胞の間に 1 対 1 の対応があることも報告されている。なお，アマクリン細胞は，第 3 章で取り上げる輪郭・エッジ強調の機構である**側抑制**（lateral inhibition）に関与しているといわれている。

神経節細胞は大きく下記の 4 種類に分類されており，そのうち 3 つの神経節細胞は外側膝状体の特定の部位と連絡しており，その機能も明らかにされている。

1. biplexiform 細胞

網膜内の網目状の 2 つの層に存在する神経節細胞で光受容細胞と直接連絡しているとされるが，その機能は不明な点が多い。

2. 二層性細胞（bistratified cell）

青と黄（赤＋緑）の識別に関与しており，外側膝状体の**顆粒細胞層**（koniocellular layer）に投射している。コントラスト感度，空間解像度，伝達速度と

もにミジェット細胞とパラソル細胞の中間程度で，受容野は非常に大きい。拮抗する周辺部をもたず，S錐体にon反応，M錐体とL錐体にoff反応を示す。その数は神経節細胞全体の10%程度を占める。

3. ミジェット細胞（midget cell）

パラソル細胞に比べて小さく，明所視を担っている。その数は，神経節細胞の80%程度を占める。コントラスト感度は低く，伝達速度は遅い。色への応答性が高く，中心窩付近に分布するこの細胞は，赤と緑の識別に関与している。空間解像度が高く，on領域とoff領域が中心部と周辺部に分かれたon-off中心周辺拮抗型の小さい受容野をもつ。外側膝状体の小細胞層（parvocellular layer）に投射している。

4. パラソル細胞（parasol cell）

暗所視と明所視を担っている。大きな細胞で，高いコントラスト感度をもち，伝達速度も速い。しかし色への応答性は弱い。受容野は大きく，on-off中心周辺拮抗型で，外側膝状体の大細胞層（magnocellular layer）に投射している。

2.4 外側膝状体

網膜上の神経節細胞は盲点で1つにまとまり，そこから視神経として，視交差（optic chiasm）（図2.9）を経て，主に外側膝状体に投射する。盲点から視交差までを視神経（optic nerve）とよび，視交差から外側膝状体までを視索（optic tract）とよぶ。このように区別する理由は以下の通りである。図2.9に示すように，視交差によって，両眼の網膜の左半分の視覚像（右視野）は大脳左半球（left hemisphere）の外側膝状体に，逆に網膜の右半分の視覚像（左視野）は右半球（right hemisphere）の外側膝状体に投射される。たとえば，もし右眼からの視神経に何らかの損傷が生じた場合，右眼が盲状態に陥るのであるが，視交差の後の右側の視索に損傷が生じた場合，左側の視野が欠損した半側盲（hemianopia）となる。

各半球の外側膝状体は6層からなり，第1層から第6層まで名称が付されている。第1層と第2層は大細胞層（magnocellular layer），第3〜第6層までは

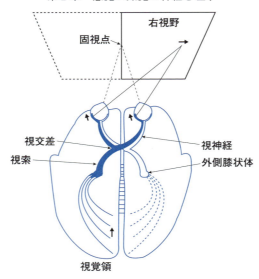

図 2.9 視交差模式図
視交差では左側の視野像が右脳の V1 に投射され，右側の視野像が左脳の V1 に投射される。その後 V1 で両視野像が融合される。

小細胞層（parvocellular layer）とよばれている。第3層と第4層の隙間に**顆粒細胞層**（koniocellular layer）が存在している。顆粒細胞層は二層性神経節細胞の機能を受け継ぎ，青と黄の識別を担っている。3層の隙間の顆粒細胞層は同側の神経節細胞からの投射を受け，4層のほうは反対側からの投射を受けるが，その後，第1次視覚野（primary visual cortex；V1）の第2，第3，第4A層に投射している。

　小細胞層は網膜神経節細胞のミジェット細胞からの投射を受け，大細胞層はパラソル細胞からの投射を受けて，それぞれ同じ役割を引き継いでいる。また，第2，3，5層は同側の視野から投射を受けており，第1，4，6層は反対側の視野から投射を受けている。したがって，この段階ではまだ両眼の視覚像は1つに融合していない。

2.5 第1次視覚野

後頭葉の内側に位置する第1次視覚野（primary visual cortex, V1）は，表面に縞があるために線条皮質（striate cortex）ともよばれている。V1は厚さ2mmの層が6層に分かれており，第4層は4A，4B，4Cα，4Cβに分かれている。

外側膝状体からV1に投射された視覚情報は，ほぼ外側膝状体と同じ布置をもっているが，それは，網膜上の視覚像がそのままV1に投射されていること示す。ただしそのほとんどは網膜中心窩の視覚像であり，周辺視になればなるほど反応する細胞数は減少していく。その意味では，V1は中心窩の視覚像をある程度忠実に反映しているが，視野全体で見ると歪んだ視覚像を反映しているともいえよう。また視交差からもわかるように右半球のV1には左視野，左半球のV1には右視野の視覚像が投射されており，両視野の重複は非常に少ない。

V1の細胞は，特定の方位をもつエッジ，あるいはその動きに選択的に反応することが知られている。V1は，その表面から奥に向かって，第1層から第6層に分かれているが，表面に対して直角に電極を刺したとき，どの深さの細胞も同じ方位に対して選択的に反応する。このように同一の方位に反応する細胞群が柱状に配列されており，これをコラム構造（columns）とよぶ。そしてそこから横へ離れるに従って少しずつ傾いた方位に反応するコラムが並んでいる。この方位が次々に変化していくと，いずれ最初の方位に戻るが，V1上ではおよそ1mmの間に最初の方位に戻るため，この領域（ハイパーコラム（hyper column））が空間処理の一つの単位となっている。網膜上の中心窩にはいくつものハイパーコラムが対応しているが，周辺視になるほど関与するハイパーコラムの数は少なくなる。

2.6 第1次視覚野細胞と受容野

第1次視覚野の細胞がもつ受容野は外側膝状体のそれとは大きく異なる。外

側膝状体各細胞の受容野は on-off **中心周辺拮抗型受容野**（opponent center-surround receptive field）であり，刺激の方位選択性をもっていないのに対して，Ｖ１の細胞には**方位選択性**（orientation selectivity）がある。受容野の形態は外側膝状体では円形で中心部が on あるいは off 領域で，その周辺領域がそれと拮抗する off あるいは on であるのに対して，Ｖ１単純細胞の受容野は楕円か長方形であり，その真ん中の部分が on あるいは off 領域でその両側が off あるいは on 領域になっているか，あるいは半分の一方が on 領域で，他方が off 領域になっているものなどが存在する。さらにその受容野の on-off 領域は傾きに対する選択性があり，その傾きに一致する信号に対して強い反応を示す。

　ヒューベルとウィーゼル（Hubel, D. H., & Wiesel, T. N., 1962）によると，Ｖ１には，**単純細胞**（simple cell），**複雑細胞**（complex cell），**超複雑細胞**（hyper complex cell）とよばれる，受容野の性質が異なる細胞が存在する。単純細胞は，該当する傾きをもった視覚刺激が確実に on 領域に投射されていなければ反応しないという性質をもつが，複雑細胞はいくつかの単純細胞の反応を総合して反応しているため，on 領域と off 領域の区別はなく，方位選択性はあるものの，その受容野内であればどの位置に投射されても反応するという特徴をもつ。Ｖ１においては複雑細胞がもっとも多く，全体の３分の２以上を占めているといわれている。複雑細胞においては，その受容野に投射された特定の傾きをもったバーの長さが受容野のサイズの限度まで長くなれば，それに応じて反応も大きくなり，受容野のサイズを超えたとしても反応は最大のままである。それに対して超複雑細胞の場合，受容野のサイズを超えると反応が低下するという特徴をもち，方位選択性があると同時に特定の長さに対する選択性がある細胞といえる。ただし，最近では，ある程度の範囲内の長さに反応する細胞がＶ１に多く存在していることや（Sceniak et al., 2001），長さよりも湾曲線に反応する細胞が存在することなどが報告されて，超複雑細胞というよび方は一般的ではなくなってきている（Mather, 2009）。その他にＶ１には運動方向に選択性のある細胞も存在することが知られており，運動知覚の中枢といわれる**第５次視覚野**（**MT 野**）の細胞は，この細胞群の反応を総合して視対象の運動を知覚していると考えられている。さらにＶ１の単純細胞は**両眼性**（binocular）であり，両眼の受容野に対応して，**両眼網膜像差**（retinal disparity）による立体視にも寄与している．

2.7 第1次視覚野以降の処理

網膜上の神経節細胞の中にはパラソル細胞とミジェット細胞の2種類の細胞が存在し，それぞれの細胞から発せられた信号は外側膝状体の小細胞層と大細胞層に伝達される．さらに外側膝状体の小細胞層に伝達された信号は第1次視覚野（V1）の4Cβ層を経て，一つはV1の上層部にある**ブロッブ**（酵素の塊；blob）→第2次視覚野色彩認知層（細い縞の層）→**第4次視覚野**（V4：ここで**色知覚**の最終処理が行われる）へ到達する系と，もう一つはブロッブ間を通って第2次視覚野の**形態処理**層（薄い縞の層）を通る系に分けることができる．それに対して大細胞層に伝達された信号は第1次視覚野（V1あるいは**ブロードマンの17野**）の4Cα層→4B層から第2次視覚野の太い縞の層を経由するかあるいはV1の4B層から直接**MT野**（Middle Temporal Area），さらに**MST野**（Medial Superior Temporal Area）へと伝達されて**運動知覚**（motion perception）を担う経路と，V2の太い縞の層からV3を介して**PO**（頭頂後頭溝；Parieto-Occipital Area，V6）→**LIP**（腹側頭頂間溝領域；Lateral Intraparietal Area），**PIP**（後部頭頂間溝領域；Posterior Intraparietal Area）→**AIP**（前部頭頂間溝領域；Anterior Intraparietal Area）など頭頂部連合野に至り，**空間定位**（spatial orientation）を担う経路に分かれていく．

外側膝状体小細胞層からV4→**TEO野**（下側頭葉皮質後部；Posterior Inferotemporal Area；**PIT**）→**TE野**（下側頭葉皮質前部；Anterior Inferotemporal Area，**AIT**）に至る系を**小細胞系**（parvocellular system）とよぶ．小細胞系における処理の特徴は，①時間的分解能が低い，②空間分解能は高い，③コントラストに対する感度が低い，④色の識別ができる，などであり，このことからも対象の形態知覚や色彩知覚において中心的な役割を果たしていることが理解できる．外側膝状体大細胞系からMST野あるいは頭頂部連合野に至る経路は**大細胞系**（magnocellular system）とよばれる．この系は，①時間的分解

能が高い（処理が速い），②空間分解能は低い，③コントラストに対する感度が高い，④色の識別はできない，という特徴をもつ。

また，後頭葉視覚野から頭頂葉へ向かう背側路（V2→V3→MT野→MST野→頭頂葉の7a野，あるいはV3を介してPO（V6）→LIP，PIP→AIPなど頭頂部連合野；dorsal stream）は運動知覚と空間定位に寄与する視覚情報処理経路であり，側頭葉へ向かう腹側路（V2→V4→側頭葉の後部および前部のTEO野・TE野；ventral stream）は形の知覚や色の知覚，対象の同定に寄与する経路であることが示され，第1次・第2次視覚野に入力された情報が，その後2つの機能の異なる経路に分かれて処理されていることが明らかにされている（図2.10）。たとえば，背側路に損傷のある患者は対象を空間内に定位して，手でつかむことはできるが，それを認知的に同定することは困難であり，

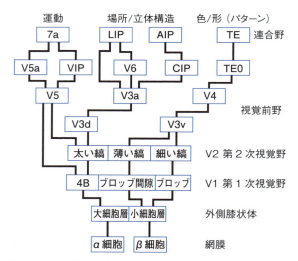

図2.10 大細胞系〜背側路，小細胞系〜腹側路の階層的結合
網膜神経節細胞のパラソル細胞〜外側膝状体の大細胞層〜V1の4Cα層〜4B層〜V2の太い縞層を経由してV5（MT野）へ続く経路は運動知覚を担い，V2の太い縞層を経由してV3d〜V3a〜V6・CIPへ続く経路は視対象の空間内定位や立体視を担う。網膜神経節細胞のミジェット細胞）〜外側膝状体小細胞層〜V1の4Cβ層〜4B層のブロブ（酵素の塊）〜V2細い縞層からV3vを経由してV4に続く経路は色覚を担っている。そして4B層のブロブ間を通ってV2の薄い縞層〜V3v〜V4〜TEへ続く経路は形やパターン認識を担っている。

逆に腹側路に損傷のある患者は対象の同定は可能であるが，それを空間定位できないために手でつかむことが困難であるという観察結果も報告されている。

　また，ミシュキンら（Mishkin, M. et al., 1983）は腹側路下側頭葉皮質前部（TE）と背側路頭頂領域（TIP）・下頭頂小葉（inferior parietal lobule（PG野，7a野）場所・位置情報がここから伝達される）に損傷を与えたサルを用いて，以下のような実験を行っている。腹側路に損傷のあるサルに与えられた第1の課題は，2つの形の異なる物体が左右に並べられ，試行ごとにそれらの位置は変わるが，常に同じ物体の下に食べ物があることを学習できるかどうかであった。実験の結果，損傷のないサルならば即座に2つの物体の形を識別して正しいほうを選択できるようになるのに対して，損傷のあるサルは2つの形の識別が困難であることがわかった。また背側路に損傷のあるサルに与えられた第2の課題は，目の前に置かれた実験台の左右のどちらかの穴に餌が入っており，餌の入っている穴の近くに置かれた円筒を手がかりとして，餌の入った穴を正しく選択できるかどうかというものであった。実験の結果，背側路に損傷のあるサルは円筒の位置を手がかりとして選択することが困難であることがわかった。ここで重要なことは，背側路に損傷のあるサルは第1課題遂行は可能であり，逆に腹側路に損傷のあるサルは第2課題遂行が可能であったという点である。これらの結果から，腹側路は視対象の形の認識に関与し，背側路は空間内での対象の定位や身体的な関わり方に関与しており，これら2つの経路がある程度独立してそれぞれの機能を果たしていることが明らかになったのである。

●練習問題

1. 実際に5円硬貨を取り出し，視角0.5°がどの程度の大きさか経験してみよう。また，月が出ている夜に，5円硬貨の穴を通して観察し，月の視角を測ってみよう。
2. 網膜の光受容細胞の数は錐体600万個，桿体1億1,000万個に対して，神経節細胞の数は100万個といわれている。光受容細胞から神経節細胞に至るまでにどのような視覚処理が行われているか考えてみよう。
3. 大細胞系と小細胞系の機能の違いについてまとめてみよう。次にこの2つの系と背側路および腹側路との関連性について考えてみよう。

●参考図書

乾　敏郎（1993）．Q＆Aでわかる脳と視覚――人間からロボットまで――　サイエンス社

　基本的視覚機能と視覚系の関連について，Q＆Aという形式でトピックごとにわかりやすく解説されており，気軽に読むことができる。初学者向け。

酒田英夫・山鳥　重・河村　満・田邉敬貴（2006）．頭頂葉　医学書院

　本邦の頭頂葉機能研究の第一人者である酒田英夫先生に3人の研究者が話を聞くという形で進められる本書は，「まえがき」の中で，頭頂葉の機能を「自己の身体とそれを取り巻く三次元的世界の構造と位置と配列を知覚し，記憶に貯え，それに基づいて眼球と手足の運動を調節する働き」であると述べているように，人と環境の相互作用という関係の中で脳神経系全体の機能をとらえようとしており，読者の眼を知覚の基本的機能に立ち返らせてくれる。中級者向け。

甘利俊一（監修）田中啓治（編）（2008）．認識と行動の脳科学　東京大学出版会

　初学者には難解かもしれないが，大脳神経系の基礎的な知見から，知覚，注意，記憶，運動，高次の精神活動や行動に対する脳科学からの知見までが幅広くまとめられている。さまざまな精神活動や行動を理解するための，一つの新しいアプローチのあり方とその知見を理解することができる。上級者向け。

3

明るさと色の知覚

　太陽の下で，咲き誇るバラを見て美しいと感じる。このときの美しさの心理は，明るさと色の知覚も大きく貢献している。明るさや色の知覚は，注意や危険を知らせるなどの情報の記録，伝達にも重要な役割を果たしている。とくに色はその経験が鮮明であるために，「真っ赤なバラ」のように，物体に固有の性質としてとらえがちである。しかし色も明るさも，光が人間の眼に到達して生じる感覚である。つまりバラ自体が赤いわけではないのである。

　この章では，明るさの知覚と色の知覚が生じる仕組みの一端を紹介する。明るさや色の知覚は，波長や輝度にも対応している。しかしそれだけで決まるのではなく，明るさや色は対象を取り囲む周囲に大きく影響を受ける。明るさや色の知覚は，相対的なものなのである。

3.1 明るさの知覚と色の知覚

　私たちは，太陽の光，蛍光灯，ロウソク，月明かりなど，さまざまな光の下で暮らしている。図3.1は，普段私たちが生活している環境のおおよその明るさを示したものである。図中の数値は，照らされた面の明るさの単位であるルクス（lux，略記号 lx；照度。トピック3.3参照）を示している。図3.1からわかるように，私たちが生活している環境の明るさは，大変に範囲が広い。夜の街燈の下では0から10 lx程度の明るさ（暗さ）であり，晴天の太陽の下では1万 lxから10万 lxの明るさである。人間が知覚する明るさは，夜と昼とではずいぶんと違う。そのため，昼間に比べて夜間のほうが，物の形も色も見づらい。しかし多少わかりづらさはあるものの，夜間に活動できないといったようなことはめったに起こらない。夜も昼と同じような活動ができる。このような活動ができるのは，人間の視覚がさまざまな明るさに順応しているからである。明暗に対する順応は，人間がさまざまな光環境で適応的に行動するために不可欠な視覚の働きである。

　色覚も環境に対する適応に重要な役割を果たしている。たとえば物を食べる

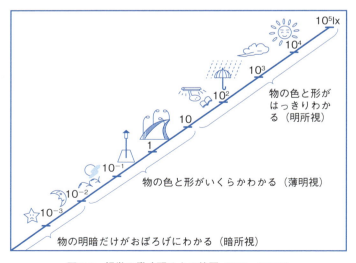

図3.1　視覚の働く明るさの範囲（池田，1975）

3.2 明るさの知覚

図 3.2 リンゴは食べ頃だろうか

行動にも色は大切である。日頃私たちは，色の様子を見て，食べ物をおいしそうと感じたり，食べられるかどうかを判断している。人間やサルの一部がもつ色覚の型は，赤と緑と青を原色とする3色型である。3色型である理由として，緑の背景から熟した果物を見分けるために必要だったという説がある。リンゴははじめ青みがかっているが，やがて黄味をおびて，食べ頃には赤く熟す。はじめは緑の草木の背景から目立たなかったリンゴは，熟すと目立つようになる。図 3.2 にみるように，もし人間が色覚の能力をもたなくても，形や大きさ，明るさなどを知覚することによって，リンゴであることはわかる。しかし，3色型の色覚がなければ，このリンゴが食べ頃なのかどうかは，口にしてみるまでわからないことになる。色や明るさの知覚は，環境に対する適応のさまざまな水準で，人間の活動の基礎を担っている。

3.2 明るさの知覚

3.2.1 明暗の順応

明るい屋外から映画館のような暗い場所に入ると，はじめは足元がよく見えないために歩くのにも苦労するが，しばらくすると目が慣れて，周囲の様子が

はっきりと知覚できるようになる。このような暗所への順応を暗順応（dark adaptation）という。一方映画館を出るときのように，暗い場所から明るい場所に移動すると，はじめはまぶしく感じるがすぐに慣れる。明所への順応を明順応（light adaptation）という。視感覚の感度が鋭敏になるのが暗順応であり，感度が鈍くなるのが明順応である。暗順応の進行には10分以上の時間を要し，明順応は暗順応よりも急速に進行する。

　順応の特性を考慮して，日常のさまざまな場面での照明が工夫されてもいる。たとえばトンネルの入口部は，中央部よりも明るく照明されている。これは，暗順応には時間がかかることを考慮した設計である。

3.2.2　暗順応曲線

　明暗に対する順応には，網膜にある錐体細胞と桿体細胞の働きが関係している。錐体細胞は明るいところ（明所）で働く。錐体は，桿体よりも光に対する感度は相当に鈍いものの，色や形の知覚に対して優れた働きをする。錐体の関与する視覚を明所視（photopic vision）とよぶ。もう一つの桿体細胞は，暗い環境（暗所）で働き，桿体が関与する視覚を暗所視（scotopic vision）とよぶ。桿体は光に対する感度がきわめて高く，明暗の知覚に優れた役割を果たしている。図3.1に明所視，暗所視が働く明るさの目安を示した。また，図中の薄明視とは，明所視と暗所視の中間の状態，つまり錐体と桿体がともに機能している視覚である（錐体と桿体については2.3も参照）。

　図3.3は暗順応曲線（dark adaptation curve）とよばれる。この図は，観察者が暗順応を始めてからの光覚閾の時間的変化を示している。光覚閾（light threshold）とは，感知できる光の最低の強度である。光刺激に対する刺激閾（第1章参照）であるが，明るさだけを指すときには光覚閾ともいう。刺激閾と同様に，光覚閾が低いことは，わずかな光刺激でも感知できることを意味する。図3.3では，縦軸の値が下に近づくほど，光覚閾が低いことを示している。図から明らかなように，暗順応は直線的に進行するのではない。閾は，暗順応開始から数分間で急激に低下する。その後10分前後のところで，不連続な過程を経て，以降はゆっくりと光覚閾が低下する。30分後には，きわめて低い

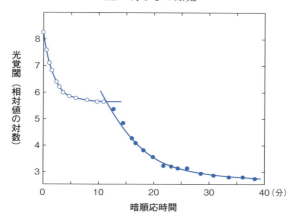

図 3.3　暗順応曲線（Hecht et al., 1937 を一部改変）
図中白丸は錐体の暗順応過程，青丸は桿体の暗順応過程を示している。

光覚閾となり，完全な暗順応にはこの程度の時間が必要であることがわかる。

　このような変化は，錐体と桿体の働きを反映している。錐体は，桿体よりも鋭敏であり，暗順応を始めてからすぐに最高の感度に達する（光覚閾が低くなる）。図 3.3 での不連続点の前は錐体の順応過程を示している。一方，じっくりと時間をかけて最高の感度に達するのは桿体である。図 3.3 の不連続点以降は，桿体の順応過程を示している。桿体の暗順応の進行は，錐体よりも時間はかかるものの，感度は非常に高いことがわかる。

トピック 3.1　プルキンエ現象

　明るいところでは，赤や黄の花が明るく見える。暗いところでは，青い花や草木のほうが明るく見える。日常の経験から，明所と暗所とでは，色の見え方が違うことに気づいている人は多いだろう。暗所において，青や紫などの短波長領域の色が明るく見え，赤や橙などの長波長領域が暗く見える現象を，初めてそれを記述した人の名前から**プルキンエ現象**（Purkinje phenomenon）とよぶ（波長については 3.3 を参照）。プルキンエ（Purkinje, J. E.；1787-1869）は，19 世紀のチェコの生理学者である。

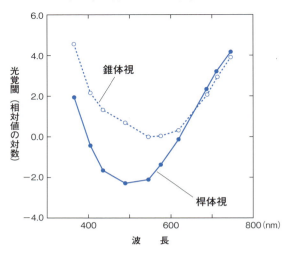

図 3.4 錐体視と桿体視の分光視感度（Wald, 1945 を一部改変）
光覚閾の逆数が視感度である。波長ごとの視感度が分光視感度である。

　プルキンエ現象をもう少し詳しく見てみよう。図 3.4 は錐体視（明所視）と桿体視（暗所視）のそれぞれの波長に対する光覚閾を測定したものである。錐体視では光覚閾がもっとも低い（感度が高い）のは 560 nm 付近である。桿体視においては 500 nm 付近である。錐体視から桿体視になると，人間の眼の感度は短波長側に移動し，加えて感度も上昇する。図から明らかなように，桿体視において，光覚閾は一層低くなっている。すでに述べたように，明るいところでは錐体が働き，暗いところでは桿体が働く。錐体視から桿体視へ眼の感度が変化することを**プルキンエ移行**（Purkinje shift）とよぶ。昼間は錐体が働いているので，赤や青の物体の明るさは錐体系の働きによって決まる。そのために，赤は明るく見える。夕方から夜にかけて，プルキンエ移行が生じ，物体の明るさは桿体系の働きによって決まる。桿体視は短波長側で感度が良いために，青が相対的に明るく見えるのである。

　車での交通事故が多く発生するのは，午後 4 時から 6 時くらいの夕暮れ時である。この時間帯はプルキンエ移行が始まる時間帯でもある。交通事故はさまざまな要因によって起こるものであるが，眼の感度の変化もその要因の一つと考えられている。

3.2.3 明るさの対比と側抑制

図 3.5 には，大きな四角形の中央に小さな四角形が描かれている。左右の小さな四角形の明るさを見比べてほしい。右の小さな四角形のほうが，左よりも明るく見えるはずである。実際には，左右の小さな四角形は同じ灰色である。対象を取り囲む周囲が暗いと，明るい場合に比べて，対象が明るく見える。これは**明るさの対比**（simultaneous brightness contrast）とよばれる現象である（**明るさの同時対比**ともいう）。対比とは，対象とその周囲との特徴の違いを強調して感じる現象である。

このような図形の見え方の基礎となっている生理的過程が，**側抑制**（lateral inhibition）である。側抑制とは，ある神経細胞の活動が，隣接する神経細胞の働きによって抑制される過程である。ハートラインら（Hartline, H. K. et al., 1956）がカブトガニで行った実験に基づいて，側抑制を説明しよう。図 3.6 はカブトガニの視神経に光を当て，その反応を記録した様子を示す。(a) では，光の当たった A の視神経が大きく活動している。(b) は，通常の光を A に当て，同時に隣接する B の視神経に強い光を当てた状況を示す。図には，この状況での A の活動を示してある。図から A の活動は，明らかに減少していることがわかる。隣接する視神経の興奮が，A の活動を抑制したのである。

明るさの同時対比は，側抑制を反映した現象である。図 3.5 で，明るい大きな四角形と黒い大きな四角形を見ている際の神経細胞の活動を考えてみよう。

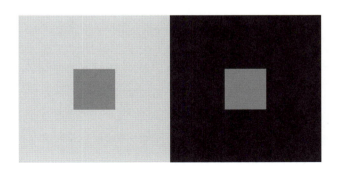

図 3.5　明るさの（同時）対比

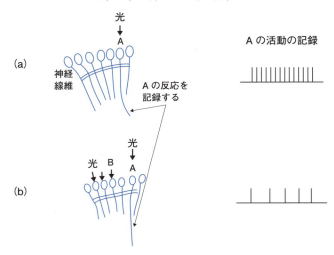

図 3.6　カブトガニの神経細胞と活動の記録

　明るい領域は光が多く当たっている領域なので，神経細胞が強く活動する。一方黒の領域には光が当たっていないので，神経細胞の活動は弱い。明るい領域を見ている際の神経細胞の活動は，真ん中の四角形を見ている際の神経細胞の活動を強く抑制する。そのため，真ん中の四角形は暗く見える。一方，暗い領域を見ている際の神経細胞の活動は，真ん中の四角形の神経細胞の活動を弱く抑制する。そのため，真ん中の四角形は，明るい領域に囲まれた四角形に比べて，相対的に明るく見えるのである。

　側抑制についてもう少し詳しくみてみよう。図 3.7 は発表者の名前から，シュブルール錯視とよばれる。この錯視にも明るさの対比効果が認められる。この図では暗い帯と明るい帯が接している。個々の帯の輝度は均一であるが，明るい帯に近い領域は暗く，暗い帯に近い領域は明るく見える。それぞれの帯は単独で見れば一様な明るさに見えるが，隣り合うと隣の帯との相対的な関係から，明るさ（暗さ）の違いが強調されて知覚される。全体を眺めると，帯が波打っているように見える。

　この錯視も，側抑制によって説明できる。図 3.8 は，錯視図の明るい帯と暗い帯を観察している際の側抑制の概念図である。強い光が当たった受容野の興

3.2 明るさの知覚

図 3.7　シュブルール錯視

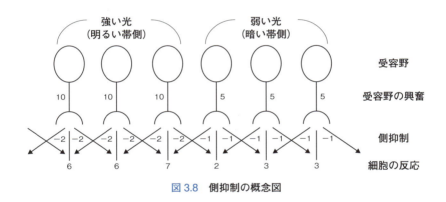

図 3.8　側抑制の概念図

奮を 10，抑制を 2（興奮の 20%）と仮定する。同様に弱い光が当たった受容野の興奮は 5，抑制を 1 とする。側抑制によって隣り合う細胞の興奮が抑制され，暗い帯側に接した細胞の反応は 7，明るい帯側に接した細胞の反応は 2 となり，他の部位に比べて興奮の差が拡大していることがわかる。このように考えると，暗い帯側に接した帯が明るく，明るい帯側に接した帯が暗く知覚されることが，うまく説明できる。

　視覚における側抑制の働きは，輪郭や境界を強調することにある。絵画や画像では，そもそも多くの場合で輪郭線が描かれているが，日常の風景に輪郭線は存在しない。日常の場面では，主に明るさの変化を検出して，物体の輪郭や

物体間の境界を知覚している。このときに対象と背景の輪郭や境界がぼやけていたら，たとえば階段，机，ドアなどの境界や輪郭がぼやけていたなら，私たちの活動はまったく不自由なものになるだろう。

トピック3.2　ホワイト錯視と明るさの同化

図3.9に示した左右の灰色の帯を見比べてほしい。左よりも右の帯のほうが明るく見えるだろう。しかし実際には，左右の帯は同じ灰色である。この錯視は発見者の名前から，ホワイト錯視（White illusion）とよばれている（White, M., 1979, 1981）。

左の縦帯は黒い横線に接し，右の縦帯は白い横線に接している。明るさの対比効果から考えると，左帯が明るく，右帯が暗く見えるはずである。しかし結果は逆である。

この錯視には，明るさの同化（brightness assimilation）が働いている。明るさの同化とは，周囲との明るさの違いを小さくする知覚傾向である。同化効果から予測されるように，黒い横線に接した帯は暗く，広い横線に接した帯は明るく見える。

ホワイト錯視だけではなく，周囲の特徴に引っぱられて見える同化効果が生じるときには，周囲の特徴と違う方向へ反発して見える対比も働いていることが多い。この図形では横縞の方向に沿って対比が生じており，縦方向には同化が生じている。

図3.9　**ホワイト錯視**（White, 1981を基に作図）

3.2.4 明るさの恒常性

雪は昼でも夜でも白く見えるし，黒猫は昼でも夜でも黒く見える。夜の街燈の下でも，晴天の太陽の下でも，白い紙は白く見え，黒い紙は黒く見える。日常ではごく当たり前の経験であるが，これは明るさ知覚の重要な特徴を示している。図 3.10 に示すように，照明が当たって物体の反射した光が眼に到達して，明るさや暗さを知覚する。このとき，眼に入ってくる光の強さは，照明の強さと物体表面の反射率（トピック 3.3 参照）の積で決まる。照明の強さが強くなれば，明るく知覚される。しかし，昼と夜とで照明の強さが変化しても，物体の明るさは変化して見えない。人間の明るさの知覚は，単に照明の強さと反射率によって決まるのではない。照明が変化して眼に入ってくる光の強さが変化しても，物の明るさが変化して見えない現象は，**明るさの恒常性**（brightness constancy）という。先の雪や紙の例は，物体の白さ，黒さといった明度（3.3 参照）の知覚であることから厳密には**明度の恒常性**（lightness constancy）とよばれる。

図 3.1 に示したように，夜の街燈の下では約 10 lx，太陽光の下では約 10 万 lx とすると，2 つの環境の明るさには 1 万倍の違いがある。仮に白い紙の反射率を 90%，黒い紙の反射率を 10% とすると，10 lx のごく弱い光の環境で白い紙を見る際の輝度は 9，黒い紙の輝度は 1 となる。同じ紙を 10 万 lx の強い光の環境で見ると，白い紙の輝度は 90,000，黒い紙の輝度は 10,000 となる。輝度の値を単純に比較すると，ごく弱い光環境の下で見る白い紙よりも，強い

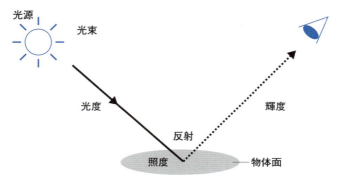

図 3.10　さまざまな光の単位の概念図

光環境で見る黒い紙のほうが明るく見えるはずである。しかし実際にそのように見えることはなく，白い紙は昼でも夜でも白く見える。つまり明るさの恒常性が保たれているのである。

明るさの恒常性の説明として古典的なものに，ワラック（Wallach, H., 1948）の理論がある。ワラックによれば，明るさの知覚は，物体面同士の輝度比によって決まる。上述の紙の例でいえば，弱い光の下でも強い光の下でも白い紙と黒い紙の輝度比は同じである（9：1＝90,000：10,000）。明るさの知覚は輝度の絶対値ではなく，相対値によって決まるという考え方である。この説はワラックの輝度勾配説とよばれる。ただし，均質な照明を受けていない3次元的な状況や輝度比が高すぎる状況などでは，輝度勾配説の予測が適合しないことも知られている。

トピック3.3 輝度と照度と反射率

人間の明るさ知覚に関係する測光量はさまざまある。測光量とは，光の物理的エネルギー量に対して，人間の視感覚の特性を考慮した心理物理量である（図3.10に主な測光量の概略を示した）。光束は光源から出る光の量，光度はある方向への光の強さである。光束はルーメン（lm），光度はカンデラ（cd）の単位で表す。

照度（illuminance）は，光源からの光が，ある面に入射する光の量であり，ルクス（lx）の単位で表す。ある面にどのくらい光が届いているのか，その場所の明るさを示すのが照度である。

輝度（luminance）は，人間の明るさの知覚にもっとも関連が深い心理物理量である。コンピュータやテレビ画面の輝度を調整すると，画面の明るさが変化して見える。輝度は，ある方向から見た単位面積当たりの光の量であり，物の輝きの程度を示す。単位はcd/m^2で表す。心理学実験において，もっとも頻繁に使われる測光量である。

反射率（reflectance）は面から反射した光の比率である。理論的には0％から100％に分布する。反射率0％は理想の黒であり，反射率100％は理想の白である。ただし反射率0％や100％の物体は実際には存在しない。現実には反射率は5％から85％程度の範囲にあり，反射率が小さければ黒，反射率が大きければ白として知覚される。

トピック 3.4　チェッカーシャドー錯視と明るさの恒常性

　図 3.11 の左図で A と B の明るさを見比べてほしい。B に比べて，A のほうが暗く見えるだろう。しかし実際には，A と B は同じ色で同じ明るさである。これを確かめるために，右図を見てほしい。右図は左図に，2 本の垂直の帯を付したものである。今度は A と B が同じ色で同じ明るさに見えるだろう。この図形はエイデルソン（Adelson, E. H.）が 1995 年に発表した**チェッカーシャドー錯視**（checker shadow illusion）である（文献は Adelson（2000）を参照）。

　左図での A と B の見え方には，影が重要な役割を果たしている。普段の活動で，私たちは屋外でも屋内でも，いつも物体の影を見ている。本書を読んでいるみなさんが，今この紙面を見ているときに自分の手で影を作ったとしよう。このとき影の部分を，紙が黒くなったと知覚することはなく，紙の上に影ができて，紙は相変わらず白いままと知覚する。この見え方は明るさの恒常性のメカニズムを反映している。

　チェッカーシャドー錯視にも，同じことが当てはまる。B は円筒からの影がかかり，A には影がかかっていない。脳は，格子柄のパターンと，円筒からの影の影響を補正して，面の明るさを決定する。このような結果として左図の場合，影のかかった格子柄パターンの一部である B は，A より明るく知覚されるのである。

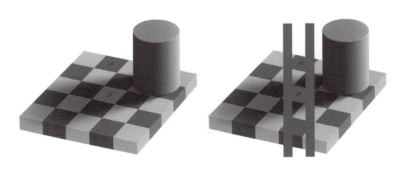

図 3.11　チェッカーシャドー錯視（Adelson, 2000）

3.3 色の知覚

3.3.1 色知覚の基礎

1. 色と波長

色は，光によって生じる人間の感覚であることを端的に示す実験を行ったのは，ニュートン（Newton, I.；1642-1727）である。ニュートンは17世紀後半に，プリズムを使って太陽光を分光する実験を行った。分光した光は，人間の眼には藍，紫，青，緑，黄，橙，赤の虹色に見えた。このような観察からニュートンは，光に色がついているのではない（The Rays are not coloured. ニュートンの著作『光学（*Optics*）』の中の言葉）ことを見出し，現代の色彩科学の基礎を築いた。

光は波長の異なる電磁波から成っている。人間の眼で見える電磁波を可視光といい，380 nm から 780 nm の範囲に及ぶ（図 1.6，図 1.7（口絵）参照）。380 nm に近い波長を短波長，780 nm に近い波長を長波長，中間を中波長とよぶ。

波長が変化すれば，人間の感覚としての色（色相）も変化して見える。大きく分類すると，短波長は青系統，中波長は緑系統，長波長は赤系統の色として知覚される（表 3.1 に波長と色名の詳しい対応を示す）。

表 3.1　波長と色の関係（森と渡会，1998 を一部改変）

波長範囲 (nm)	色　　名
380～430	青みの紫
430～467	紫みの青
467～483	青
483～488	緑みの青
488～493	青緑
493～498	青みの緑
498～530	緑
530～558	黄みの緑
558～569	黄緑
569～573	緑みの黄
573～578	黄
578～586	黄みの黄赤
586～597	黄赤
597～640	赤みの黄赤
640～780	赤

2. 物体の色——光の反射と透過

　私たちが普段多く見ているのは，光源で照明された物体の色である。物体の色は，光源から物体に反射した光が眼に到達して知覚される。それぞれの物体はすべての光を反射するのではなく，物体によって選択的に特定の波長を反射している。どの光を反射するかは物体によって異なる。この反射の割合によって，物体の色の見え方が決まる。

　もう少し詳しく**反射**について説明しよう。図 3.12（a）に示すように，観察者が見ている物体の面は，赤，橙，黄といった長波長の光を選択的に反射し，紫，藍，青，緑の光はほとんど反射せず，吸収している。このような物体は，トマトや郵便ポストのように，赤と知覚される。図 3.12（b）には，（a）の面を見ている際の波長と反射率の関係を示してある。この図の横軸は波長（ナノ

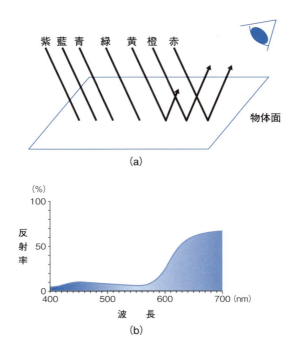

図 3.12　分光反射率と色相の見え方

メートル），縦軸は反射率である．ある波長は，他の波長よりも多く反射され，またある波長は他の波長よりも一層反射が少ない様子がわかる．このように波長選択的な反射の比率を分光反射率（spectral reflectance）とよぶ．

図3.13には，代表的な色の分光反射率を示した．短波長の光を選択的に反射する物体は青と知覚され，ほぼすべての波長を同じ程度に反射する物体は白，すべての波長を吸収する物体は黒と知覚されるのである．

では，ジュースやガラスのコップのように，透明，もしくは半透明の物の色はどのように知覚されるのだろうか．このような物体の場合には，反射ではなく，波長の透過を考えればよい．ガラス，プラスチック，液体のような物体の場合，特定の波長が選択的に透過する．長波長の光を選択的に透過する物体は赤く見え，中波長の光を選択的に透過する物体は緑に見える．トマトジュースは，長波長の光が選択的に透過しているので赤く見え，緑茶は，中波長の光が選択的に透過しているので緑に見えるのである．透過の場合も反射と同様に，波長選択的な透過の比率を分光透過率（spectral transmittance）とよぶ．透明，半透明の物体も分光透過率が色の見え方を決める．

このような物体の属性として知覚される色を物体色（object color）とよぶ．物体色のうち，物体の表面に反射した光の特性によって生じる色を表面色

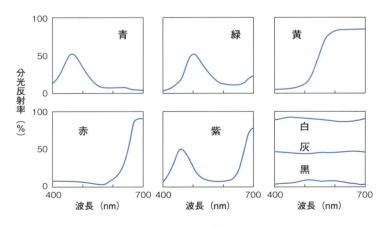

図3.13　代表的な色の分光反射率の例（松田，2000）

(surface color)，透過した光の特性によって生じる色を**透過色**（transmitted color）とよぶ。一方，光源からの光が直接に眼に到達して知覚される色は**光源色**（illuminant color）という。これは太陽，白熱灯など光源の出す光の色である。

3. 混　　色

テレビやコンピュータの画面には，さまざまな色が見える。しかし黄色く見える部分を拡大鏡で見るとそこに黄色いピクセルはなく，ただ赤と緑の集まりが見える。白く見える部分を拡大して見ると，再び白いピクセルはなく，赤と緑と青の集まりが見える。近づいて拡大鏡で見ると赤と緑が見え，通常の距離で見ると黄色に見えるのだから，これは物理的に光が混じり合ったのではないことがわかる。つまり，画面にさまざまな色が見えるのは，物理現象なのではなく，人間の視覚によるものである。このように複数の色刺激が混ざることによって，異なる色の感覚が生じることを**混色**（color mixture）という。混色は，人間の色覚の基本現象である。

混色には**加法混色**（additive color mixture）と**減法混色**（subtractive color mixture）がある。通常の環境で私たちの周りに見えるほとんどの色は，加法混色と減法混色によるものである。加法混色は，網膜上に2色以上の色光が重なって生じる混色である。通常は，赤（R）と緑（G）と青（B）の色光が重なって生じる混色であり，この3色を原色（3原色）とよぶ（**図3.14 (a)**）。加法混色における3原色は，混色する比率を変えることによって，すべての色を作り出せる。先の例に挙げたテレビ画面は，RGBのピクセルで構成されており，画面にたくさんの色が見えるの加法混色によるものである。さらにこの混色では，網膜の同じ部位に同時に色光が重なるため，単色光よりエネルギーが大きくなり，もとの色光よりも混色した色が明るくなる。加法混色は，足し算の混色といえる。**図3.14 (a)** に示すように，赤色光と緑色光が等しい量だけ重なると黄（イエロー）に，緑と青が等しい量で重なると青緑（シアン）に，青と赤が等量に重なると赤紫（マゼンタ）が見える。赤，緑，青の色光が等量に重なると，白が知覚される（**図3.15 (a)**（口絵）も参照）。

減法混色は絵の具を混ぜたり，色フィルターを重ねたり，カラー印刷にみら

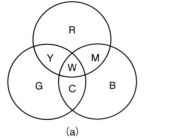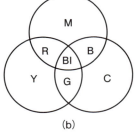

図 3.14 加法混色（a）と減法混色（b）
図中，R は赤，G は緑，B は青，Y は黄，M はマゼンタ，C はシアン，W は白，Bl は黒を示す。図 3.15（口絵）も参照。

れる混色である。減法混色にも 3 原色があり，シアン（C），マゼンタ（M），イエロー（Y）である。**図 3.14（b）**に示すように，減法混色ではシアンとマゼンタが混ざると青，マゼンタとイエローが混ざると赤，イエローとシアンが混ざると緑に見える。イエロー，シアン，マゼンタを混ぜると黒になる（**図 3.15（b）**（口絵）も参照）。絵の具を例として，もう少し詳しく減法混色を見てみよう。**図 3.16**（口絵）に示すように，イエローの絵の具は短波長光を吸収し，シアンの絵の具は長波長光を吸収する。つまりイエローの絵の具は青を引き算し，シアンの絵の具は赤を引き算する。減法混色は，引き算の混色である。イエローとシアンを混ぜると，短波長と長波長を吸収する。青と赤の引き算である。つまりそれぞれの絵の具が単独で吸収した波長と同じ波長を吸収することになる。どちらの絵の具も，中波長光を反射する。その結果，イエローとシアンの絵の具を混ぜると緑に見えるのである。減法混色は，成分色が増えるほど混合色の明るさは減少していく。

4. 色の 3 属性

私たちは普段，一口に「赤」といっても，さまざまな赤を経験している。鮮やかな赤，暗い赤のように，色の違いを見分けてもいるし，言葉で表現もしている。日常経験する色を 1 つの属性だけで表現することは困難である。

色は**色相**（hue），**明るさ**，**飽和度**（saturation）の属性に分類することができる。色相は，普段私たちが「色」とよんでいる，赤，黄，緑，青など，色味

3.3 色の知覚

を示す属性である。また同じ色相でも，暗い緑と明るい緑のように，明るさを変えれば色の印象は大きく変わる。これが明るさの属性である（物体色の明るさは**明度**（lightness），色光の明るさは brightness）。飽和度は**彩度**ともよばれ，色の鮮やかさ，色の濃さの属性である。色相，明るさ，飽和度の感覚属性は，**色の3属性**とよばれる。

　この3属性は，完全ではないものの光刺激の特性に対応している。色相は波長に，明るさは輝度あるいは反射率に対応する。飽和度にほぼ対応するのは，純度である。純度は，ある色光が白色光と単色光の混合光であるとき，混合光のうちの単色光の割合で表される指標である。単色光（1つの波長から成る光）に白色光を加えると，純度は低下する。

　しかしながら，色相は波長によってだけ規定されるのではない。たとえば輝度が変化したとき，波長が同一であっても色相が異なって見えることがある。一般に同一の波長の輝度を低く（暗く）すると，赤みまたは緑みが増して知覚される。また輝度を高く（明るく）すると，黄みまたは青みが増して見える。この現象は，発見者の名前から，**ベツォルト=ブリュッケ現象**（Bezold-Brücke phenomenon）とよばれる。

　色の3属性を3次元的に表示したものが，**色立体**（color solid）である。**図 3.17** はマンセルの色立体の概念図である。マンセルの色立体は，物体色を表示しているので，明るさの属性は明度，飽和度の属性は彩度で表示される。こ

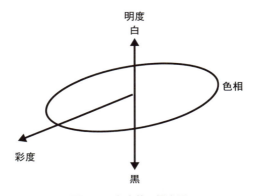

図 3.17　色立体の概念図

の立体において明度と彩度は，低から高までの感覚を1次元的に示すことができる。そこで，明度を中心の軸として，低（黒）から高（白）まで配置する。次いで，この軸から水平方向への距離として，彩度を示す。さらに色相を円環状に配置すれば，3属性を3次元空間上に配置できる。

また色の3属性を使って，有彩色と無彩色に色を分類できる。有彩色とは色相，明度，彩度の3属性すべてをもつ色であり，無彩色は明度の属性だけをもつ色である。無彩色は，白と黒の混合によってできる。

3.3.2 色知覚の理論

色覚にはさまざまな現象がある。さまざまな現象を関連づけ，統一的に説明するためには，理論が必要である。19世紀に3色説，反対色説が色知覚理論として提案された。理論の提案者の名前から，ヤング=ヘルムホルツの3色説，ヘリングの反対色説とよばれる。それぞれの理論でうまく説明できる現象とできない現象があり，長い間両理論は対立するものと考えられてきた。しかし現在までに，それぞれの理論で仮定した生理学的過程や感覚器の存在が，実証的な研究から明らかになってきた。現在では，2つの理論は対立するものではなく，一連の色情報処理における異なる処理段階の過程を理論化したものと考えられている。

1. 3色説

3色説（trichromatic theory）は，混色の事実を基礎とした理論である。古くから，赤，緑，青の色光を適当な量ずつ加法混色すると，ほぼすべての色を作り出すことができることが知られていた。これは人間の色覚の3色性を示している。この事実を基に，ヘルムホルツ（Helmholtz, H. L. F. von；1821-1894）は，人間の眼には赤，緑，青を感受する感覚器があると考えた。これらはどのような光が眼に到達したかによって興奮する程度が異なる感覚器であり，それぞれの興奮の程度が色の知覚を決定する，というのが3色説である。ヘルムホルツに先立って，ヤング（Young, T.；1773-1829）は赤，緑，青を色覚の3原色とする理論を発表していたことから，この理論はヤング=ヘルムホルツの3色説ともよばれる。

3種の感覚器を仮定することは，赤と緑の混色光でも，黄の単色光でも，黄の感覚が生じることをうまく説明できる。赤と緑の混色光と黄の単色光とでは，波長が物理的に異なる。しかし人間には同じ色覚が生じる。3種の感覚器を仮定しておけば，光の物理的特性ではなく，感覚器の興奮の比率を考えればよいことになる。興奮の比率が同じであれば，同じ感覚が生じることを予測できる。また3種の感覚器の仮定は，色覚異常もうまく説明できる。通常の色覚は3種の感覚器が正常に働いているが，色覚異常についての説明は，いずれかの感覚器の欠損を仮定すればよいことになる。

2. 反対色説

反対色説（opponent color theory）は，ヘリング（Hering, K. E. K.；1834-1918）の現象的な観察を主な根拠とした理論である。たとえば，混色において，赤と緑の混色で黄，赤と緑と青の混色で白の感覚を生む。この混色が示すように，日常で橙色を見るときには赤味と黄味を，青緑の場合には青味と緑味を感じることができる。しかし黄色を見るとき，混色の元となった赤味と緑味を感じることはできない。同様に白を見るとき，元の赤味，緑味，青味を感じることはできない。これは，色の感覚には他の色感覚が混在する色と，混在しない色があることを意味する。このような現象的な観察に基づいて，ヘリングは他の感覚が混在しない色を赤，黄，緑，青の4色とし，この4色の混合によってあらゆる色を作り出せると考えた。4色は**ユニーク色**とよばれ，他のどの色とも知覚的に似ていない色を意味する。

さらにヘリングは赤と緑を同時に感じられる色はないという観察から，赤と緑を対立する関係にある一対とした。この関係は黄と青も同じである。これに白と黒を加え，赤―緑，黄―青，白―黒の3対を反対色対とした。これら反対色対は，網膜に視物質として存在するというのがヘリングの反対色説である。

反対色説では，ヘリングの時代にすでに知られていた残像，対比，順応などの視覚現象を説明することができる。ある色を見続けたのち，白い紙に目を移すと，見続けた色の補色の残像が見える（3.3.3「3. 色の対比と同化」を参照）。ヘリングによれば，図 3.18 に示すように，赤を見続けることは，赤―緑物質の活動が一方向に進んだ状態である。そこでバランスをとるために，活動を反

対方向に変える。そのため，残像として緑が見えると説明される。

3. 3色説を支持する生理学的根拠

ヘルムホルツが仮定したように，3種の感覚器が実際にあるのなら，3色説を支持する生理学的な証拠となる。ヘルムホルツの仮定した感覚器は，現在では錐体細胞とよばれている。1960年代以降，生理学的な実証研究が盛んに行われ，錐体細胞の光に対する反応特性が明らかになった。図 3.19 は，日本の研究者である冨田ら（Tomita, T. et al., 1967）によって行われた，コイの錐体細胞を電気生理学的方法によって，研究した結果である。横軸は波長であり，縦方向には錐体細胞の反応を示している。縦方向の大きな反応は，その波長に対して感度が高いことを示している。図の上からそれぞれの細胞は，波長に対

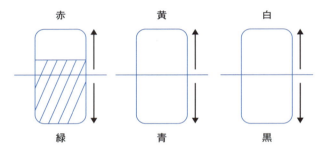

図 3.18　反対色説で仮定された視物質

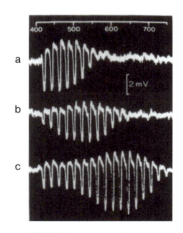

図 3.19　コイの錐体細胞の反応 (Tomita et al., 1967)

する最大の感度が異なっていることがわかる．図のaは460 nm付近，bは530 nm付近，cは610 nm付近で最大に反応している．それぞれが短（short）波長，中（middle）波長，長（long）波長に最大の感度を示すことから **S 錐体**，**M 錐体**，**L 錐体** とよばれるようになった．現在では，さまざまな手法を用いて，人間の網膜に3種の錐体細胞があることが明らかになっている．つまり3色説に対して生理学的な根拠が与えられたのである．

3色説の予測する通り，それぞれの錐体が刺激される比率が，色知覚の基礎となる．減法混色を，錐体細胞の働きから考えてみよう．減法混色の3原色は，シアン，マゼンタ，イエローである．シアンは，S錐体とM錐体が同じ程度に刺激された場合に引き起こされる色感覚である．マゼンタはS錐体とL錐体，イエローはM錐体とL錐体を同じ程度に刺激された場合に引き起こされることになる．現在では錐体の数の割合も，L錐体が20，M錐体が10，S錐体が1と推定されている（池田と芦澤，2005）．

4. 反対色説を支持する生理学的根拠

反対色説を支持する実証的な証拠も，主に1950，60年代以降の生理学的研究からもたらされた．図3.20はドヴァロアら（DeValois, R. L. et al., 1966）

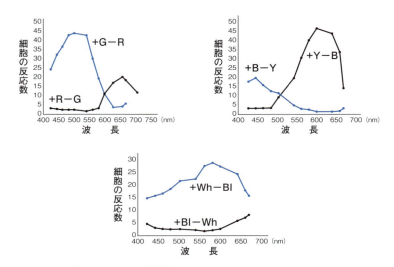

図 3.20 **ドヴァロアらの研究結果**（DeValois et al., 1966を一部改変して作図）

によって測定された，マカクザルの外側膝状体（網膜から情報を受けとる部位，第2章を参照）にある神経細胞の活動である．横軸には波長，縦軸には細胞の活動が示されている．図中，＋R－Gと記された細胞の活動を見てみよう．これは赤い光で興奮し，緑の光では活動が抑制されている．＋G－Rの細胞は，緑の光で興奮するが，赤の光で抑制が生じていることがわかる．黄と青（YとB），白と黒（WhとBl）の図からも，同様な活動が読みとれる．細胞の興奮と抑制の関係は，赤―緑，黄―青，白―黒の3対を反対色対としたヘリングの説に一致する．つまり，ヘリングの反対色説に対しても，生理学的な証拠が示されたのである．

5. 段階説

それぞれの理論で仮定する生理学的証拠が示されたことから，3色説と反対色説は，どちらも色覚理論としての適正が認められるようになった．2つの理論が予測するように，人間の色覚は3色性であり，反対色性でもある．錐体細胞では3色説，それ以降では反対色説が予測するような情報処理が行われているとする考え方を**段階説**とよぶ．

図 3.21 はフォスとウォルラベン（Vos, J. J., & Walraven, P. L., 1971）が

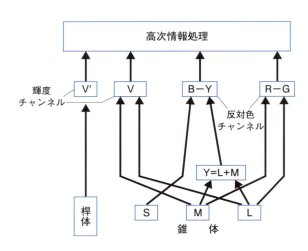

図 3.21　フォスとウォルラベン（1971）の提案した段階説の概要

3.3 色の知覚

提案した段階説である。光が入ってくると3種の錐体によって吸収され，吸収の比率の情報が次の段階へ伝えられる。次の段階では，たとえば図の右側のように，L錐体とM錐体の反応の差がとられる。この赤―緑反対色チャンネルの反応が，さらに高次の脳に伝わり，色覚が生じるのである。

3.3.3 色知覚の諸現象

1. 色の恒常性

太陽光の下で見るバラも，屋内の照明の下で見るバラも，どちらも赤く見える。屋内でも屋外でも，緑色の洋服は緑色に見える。このように，照明光の種類が変化しても，物体や面の色はほぼ同じに見える現象を，**色の恒常性**（color constancy）とよぶ。

色の恒常性はどのような現象なのか，もう少し詳しく見ていこう。眼に入ってくる光の強さは，照明の強さと物体表面の反射率の積で決まることはすでに述べた。図 3.22 には，いくつかの光源の分光分布を示した。太陽光は，可視光のほぼすべての領域に同じ程度波長が含まれている。白熱電球の場合には，長波長領域に偏っている。つまり光源が変われば，物体から反射されて人間の眼に到達する光のエネルギーも違ってくる。たとえ屋外であっても，いつも同

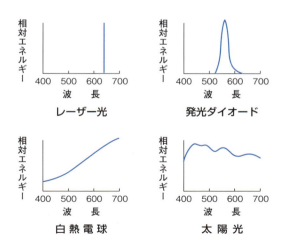

図 3.22　**各種の光源の分光分布**（Palmer, 1999）

じような光のエネルギーが眼に入るわけではない。朝もあれば夜もあり，曇りの日もあれば晴れの日もある。眼に入る光の強さは，時々刻々と変化している。しかし私たちにはたいてい，どんな状況でも，ものの色が変わったようには見えない。私たちの脳には，照明の変化の影響を差し引いて，ものの色を見る仕組みが備わっているのである。

色の恒常性は，明るさの恒常性，大きさの恒常性など他の知覚恒常性と同様に，人間の視覚にとって重要な現象である。これまで膨大な研究が行われてきたが，多くはコンピュータ画面などの2次元面に対する色の見え方を問題としている。ここでは，色の恒常性には3次元の空間認識が重要な役割を果たすことを示した実験を紹介しよう。プングラサミーらの実験では，図3.23に示すように実験参加者がいる実験室とテスト室の2室を使用した（Pungrassamee, P. et al., 2005）。2室は何も置かれていない壁だけの部屋ではなく，3次元的な構造が知覚しやすいように，本，積み木，造花や人形など，さまざまな物体が置かれていた。参加者がいる実験室（(a)）はテスト室とは異なり，赤，緑などで照明されていた。参加者は，大きさの変わる観察窓からテスト室にある

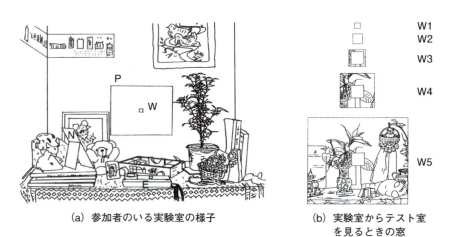

(a) 参加者のいる実験室の様子　　(b) 実験室からテスト室を見るときの窓

図3.23　プングラサミーらの行った3次元空間環境での色の恒常性の実験
(Pungrassamee et al., 2005)
(a) テスト室を見ることのできる観察窓はWで示されている。(b) 観察窓の大きさが変化する。

灰色のテスト刺激を見る（(b)）。たとえば照明が赤いとき，観察窓が小さい条件では，隣にもう1つ部屋があることは参加者にはわからない。このような条件の下では，観察窓に提示された灰色のテスト刺激は赤みがかって見える。これは，色の恒常性の程度が低い見え方である。一方観察窓が大きくなると，隣室の3次元構造が知覚できる。3次元構造とともに，部屋がどのように照明されているのかも認識できる。このような条件の下では，テスト刺激は赤みがかって見えることはなく，元来の灰色に見える。つまり3次元空間の認識が，色の恒常性の程度を高めたことになる。

トピック 3.5 演色性

　色の見え方は複雑である。照明の種類が変化しても，物体や面の色はほぼ同じに見える現象として色の恒常性を紹介した。しかし，照明が変化すれば，物体の見かけの色も変化して見えることもある。たとえばスーパーマーケットで見たときには鮮やかな色で新鮮に見えた食べ物が，家で見たら鮮やかには見えなかった，といった経験は多くの人にあるだろう。照明光による物体の色の見え方を演色という。また，物体の色の見え方に及ぼす光源の性質を**演色性**という。太陽光（自然光）の下で見た色の見え方に似ている照明が，演色性の良い（高い）照明である。食料品，洋服を扱う店，美術館など，色の知覚が影響する多くの施設で，演色性に対する注意が払われている。

2. 色順応

　青いサングラスをかけると，はじめは周囲が青く見えるが，しばらくすると気にならなくなり，サングラスを通しても周囲を正常な色として知覚するようになる。また，屋外から白熱電球で照明された部屋に入ると，はじめは部屋がオレンジがかって見える。しばらくすると，周囲を正常な色に知覚するようになる。これらの例は，環境を照明する光の色の変化に対応する順応であり，**色順応**（color adaptation）とよばれる。これは明順応と同じように，眼の感度が低下することによって生じる現象である。

　この色順応が生じる主な理由は，網膜の錐体細胞の感度の変化である。S,

M，Lのそれぞれの錐体の感度が，異なる程度に低下することによって，色順応現象が生じる。青いサングラスの例は，S 錐体の感度が低下することによる。

色順応も色の恒常性も，照明の変化の影響を差し引くことで生じる現象である。このことから，色順応が色の恒常性の仕組みの一部であると考えられている。先に紹介した色の恒常性の実験においても，部屋の照明に対して色順応が生じ，テスト刺激の元来の色の知覚（色の恒常性）をもたらしたと解釈することもできる。しかしながら，サングラスをかけたことのある人ならわかるだろうが，色順応には数分以上の時間を要する。色の恒常性にそのような時間は要しないことから，色順応だけで恒常性の仕組みのすべてを説明することは難しい。

3. 色の対比と同化

明るさと同様に，色にも対比と同化が生じる。図 3.24（口絵）に色相の対比の例を示した。緑の背景上にある灰色の四角形は，右の四角形に比べて赤みがかって見える。実際には左右の四角形は同じ灰色である。このように見えるのは，背景の色の補色が生じることによる。**補色**（complementary color）とは，加法混色の場合には合わせると白色になる色であり，減法混色の場合には合わせると無彩色になる色である。**色の対比**は，周囲を囲む領域に対して囲まれる領域が小さいほど効果が大きい。

文豪ゲーテも，色の対比をロウソクと鉛筆を使って観察している。ゲーテ（Goethe, J. W.：1749–1832）は著作『色彩論』の中で次のように記している。「夕方にロウソクを白い紙の上に立て，夕日とロウソクの間に鉛筆を立てる。するとロウソクの光によって鉛筆の影ができるが，その影は美しい青である」（池田と芦澤，2005）。この例では，ロウソクの炎は橙色であり，これが背景色となる。鉛筆の影の領域は，色の対比によって橙の補色である青に見える。色の見え方は光の物理的な特性だけによって決まるのではないことは，ゲーテによっても示されている。

色の対比は，空間的に同時にある対象間だけで生じるのではなく，時間的な変化が伴っても生じる。継時的な色の対比の例として，**残像**（afterimage）の現象がある。赤いものをしばらく見続けたのちに，壁に目を移すと青緑に見え

3.3 色の知覚

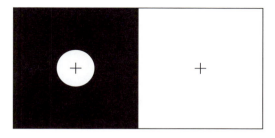

図 3.25 明るさの残像

る。これが残像である。見続けた色に対する補色が，残像色として知覚されるのである。ここでは，明暗の残像を観察してみよう。図 3.25 の左の中央の印を 30 秒程度，じっと見つめた後，目を右の印に移すと，残像が観察できる。左の白い円にあたる部分は灰色に，背景は白く見えるはずである。補色が見える残像や，図 3.25 の観察のような残像を，**陰性残像**あるいは**負残像**（negative afterimage）とよぶ。陰性残像とは，見つめていた刺激とは，明るさや色相などが反対の像が見える残像である。

　この残像現象は日常場面でも活用されている。たとえば，医師の手術着は青緑色であることも陰性残像の応用である。医師は手術において血液の赤色を長く見続ける。そのことによって，残像が生じる。赤の残像色である青緑の手術着は，残像の影響を弱める効果が期待できる。

　一方，図 3.26（口絵）は**色の同化**の例である。左右の背景とも同じ灰色であるが，左は青みがかって，右は黄みがかって見える。縦縞の色が周囲に影響を及ぼして，色の見え方が変化していることがわかる。もう少し複雑な色同化の例も見てみよう。図 3.27（口絵）の左上図の横帯はオレンジ色，右上図の横帯は赤紫色に見える。しかしどちらも同じ赤である。下も同様に，左の横帯は黄緑，右の横帯は青緑に見えるが，どちらも同じ緑である。この図形は発表者の名前から**ムンカー錯視**（Munker illusion）とよばれている。ムンカー錯視は，図 3.9 のホワイト錯視の色つき版である。ムンカー錯視でも，同化とともに対比が生じている。左上の図形の場合，黄の縦線が手前にあり，青線（と

横帯）がその背後にあるという奥行きの情報に基づいて，色対比が生じている。つまり手前にあると仮定された色と，同化が生じていることになる。

3.3.4 色覚の分類――色覚異常

化学者，物理学者，気象学者として科学の歴史に名を残すドルトン（Dolton, J.；1766-1844）は，自らの色覚異常を研究したことでも知られる。ドルトンが自身の色覚体験を分析し，著作に残したことが色覚異常研究の始まりとされる。色覚異常の研究は，色覚一般に対する基礎的な知識を提供するばかりではない。交通信号機のように社会的基盤を支える機器や，ゲーム機の画面のように日常の娯楽に至るまで，多くの分野に影響を与えている。

色覚異常は，日本人の場合男性で約 5%，女性で約 0.2% の人にみられる。男性は約 20 人に 1 人，女性は 500 人に 1 人の割合である。一口に色覚異常といっても，表 3.2 に示すように多様である。正常色覚は，独立した 3 色（3 原色）の混合によってすべての色をつくれる色覚である。**異常 3 色覚**（いわゆる色弱）は，正常色覚と同様に混合にあたって 3 色を必要とするが，混合の比率が正常色覚とは異なる色覚を指す。**2 色覚**（いわゆる色盲，部分色盲）は 2 色の混合によって，すべての色と等しく見えるようにできる色覚である。2 色

表 3.2 色覚の分類

A　3色覚
正常色覚　3色覚（正常3色型）
異常3色覚（いわゆる色弱）（anomalous trichromatism）
1型3色覚（赤色弱）（protanomaly）
2型3色覚（緑色弱）（deuteranomaly）
3型3色覚（青色弱）（tritanomaly）
B　2色覚（いわゆる色盲）（dichromatism=color blindness）
1型2色覚（赤色盲）（protanopia=red color blindness）
2型2色覚（緑色盲）（deuteranopia=green color blindness）
3型2色覚（青色盲）（tritanopia=blue color blindness）
C　1色覚（いわゆる全色盲）（achromatopsia=monochromatism, total color blindness）
錐体1色覚（cone monochromatism）
桿体1色覚（rod monochromatism）

覚の場合のすべての色とは，2色を混合してできるすべての色という意味である。

　異常3色覚，2色覚ともに1型，2型，3型に分類される。これは異常を示す錐体の種類による分類である。錐体には波長に対する感度によってL錐体，M錐体，S錐体があることはすでに述べたが，1型はL錐体，2型はM錐体，3型はS錐体の機能に障害がある。1型，2型はどちらも赤と緑の区別が困難であることから，赤緑色覚異常とよばれることもある。色覚異常である人たちのうち，圧倒的に多いのが1型と2型である。1型と2型の色の見え方を，正常者と比較するならば，正常色覚者は赤と緑の区別がしやすく，緑と青緑の区別がつきにくい見え方が一般的である。一方1型と2型の人たちは，赤と緑は区別しづらく，緑と青緑は区別しやすい。また1型と2型では，青と赤，青と緑の弁別も明瞭にできる。3型は，青と黄の区別がしづらい色覚異常である。先天的な青黄色覚異常は大変まれであり，1万から5万人に1人といわれる。

　1色覚には錐体が1種類だけ働く錐体1色覚と，3種類の錐体はあるものの機能しない桿体1色覚がある。1色覚に限らず，いずれの色覚異常でも桿体は正常に機能している。1色覚の場合，色の区別は難しく，明暗の区別ができる。このタイプは3型よりもさらにまれであり，10万人から20万に1人といわれる。

　色覚の型を調べるために，さまざまな検査法がある。簡略な検査法ではあるが，世界的に有名な検査として**石原式色覚検査表**（図3.28（口絵））がある。この検査では，正常色覚者には数字が見えるが，色覚異常の場合には見えない，もしくは正常者とは異なる数字が見える。数字の見え方によって，異常の型を判定できる。

3.3.5　色彩の心理効果

　色はさまざまな心理的効果をもつ。赤は太陽や火を，青は海や空を連想させる。黄は元気，興奮，陽気をイメージさせ，緑は安全，平和，新鮮さをイメージさせる。このように，色は視覚的な効果ばかりでなく，イメージや感情にも強い影響を与える。色の心理的な効果は，多くの心理学実験を経て，確かめら

1. 暖色と寒色

部屋のカーテンを青い色からピンク色に変えたら，部屋が暖かくなったと感じる。これは，色は温度感覚にも関係することを示している。実際に，色と温度感覚に関係のあることが心理学実験で示されている。観察者に色刺激を視覚だけで提示して，温度判断を求めた場合，赤，橙，黄などの色は暖かいと判断され，青，青紫などの色は冷たいと判断される（大山，1994）。赤や橙，黄などの長波長系の色を暖色（warm color），青を中心とした短波長系の色を寒色（cold color）とよぶ。緑などは，長波長系と短波長系のほぼ中間にあたることから，中間色とよばれる。中間色は，温度判断においても，ちょうど中間の温度に判断される。

色と温度感覚の関係は，商品のデザインや販売にも影響している。たとえば電気コタツが現在のように普及する以前は，熱源部分の光は白であった。熱源部が白の製品の売上げは芳しくなかった。これは消費者が，白の光で本当に暖まるのかと疑念をもったことが影響したという。そこで現在使われているような赤い光にしたところ，実際の売上げに大きな影響を及ぼしたという。

2. 進出色・後退色

夜空の花火を見て，青よりも赤い花火のほうが，近くに見えると感じる。色は距離知覚，奥行き知覚とも関連している。暖色（長波長系）は客観的な位置よりも進出している（観察者に近い）ように見え，寒色（短波長系）は後退して（観察者から遠い）見える。つまり長波長系の色が進出色，短波長系の色が後退色とよばれる。

大山と山村（Oyama, T., & Yamamura, T., 1960）が行った実験では，もっとも後退する青に比べて，もっとも進出する赤とでは，客観的距離が同じであるにもかかわらず，見かけの距離は約 8 cm 程度異なっていた。

3. 色と明度の関係

一般的に色の効果と考えられているものも，実際に実験的に検討してみると，色相の効果はほとんどみられない場合もある。たとえば膨張色や収縮色とよばれる現象がある。これは，客観的な大きさが同じでも，色相によって大きく，

もしくは小さく見えるというものである．暖色が膨張色になりやすく，寒色は収縮色であるとの指摘が，かつてあった．ただしこれを実験的に調べてみると，対象の見かけの大きさに影響を及ぼすのは，色相ではなく，明度である．多くの実験結果から，明度が高い（明るい）ほうが，明度が低い（暗い）よりも，大きく見えることが示されている．

　対象の見やすさに関連して，**リープマン効果**（Liebmann's effect）とよばれる現象がある．この効果は，色相が異なっていても，明度が似ている，もしくは同じときには，背景から対象を見分けられなくなるというものである．この効果は，赤や黄（暖色）よりも，青（寒色）で生じやすい．

●練習問題

1. テーブルの上にあるバナナが黄色く見える仕組みを，反射率や混色という用語を使用して考えてみよう。またこれ以外にも，日常のさまざまな色を例として，反射率（もしくは透過率）や加法や減法の混色という用語を使用して，その色が見える仕組みを考えてみよう。たとえば，コンピュータの画面の色，プリンターの印刷の色，牛乳の色，ニンジンの色などについて考えてみよう。

2. 明るさの恒常性と色の恒常性について，自分の言葉でまとめてみよう。さらに，実際に自分で明るさの恒常性と色の恒常性を観察してみよう。手近にある物，たとえばこの本を持って，屋内と屋外とで，明るさや色を見比べてみよう。どのように見えただろうか。また自分でいろいろと条件を変えて，観察もしてみよう。この章で紹介した色の恒常性の実験のように，自分の手で観察窓を作り，本の一部だけが見える条件と，本の全体が見える条件で，明るさや色の見え方が違うのかどうか，観察してみよう。

3. この章で紹介した色覚理論を，自分で要約してみよう。さらにたとえば，ピーマンの色の見え方は，段階説（3色説と反対色説）ではどのように説明ができるのか，考えてみよう。

●参考図書

大山　正（1994）．色彩心理学入門――ニュートンとゲーテの流れを追って――
　　中公新書

　副題にあるように，色彩科学研究を歴史の大きな流れをふまえて解説されている。色彩心理学の実験例も豊富である。専門知識の解説はあるものの，優れた入門書である。

池田光男・芦澤昌子（2005）．どうして色は見えるのか――色彩の科学と色覚――
　　平凡社

　色覚の特徴を，日常例を多く交え，わかりやすく平易な言葉で解説されている。また，色彩科学の専門的な知識も豊富に解説されている。予備知識がまったくない読者に配慮して理解の難しい専門知識の解説もされていることから，初級から中級向きである。

形の知覚

　形の知覚は，環境内の輪郭に囲まれた特定の面が「図」として前面に現れ，その背後に「地」となる背景が広がる「図・地分化」が成立することによって初めて可能となる。このことは，形の知覚が，奥行き関係あるいは遮蔽関係を知覚することと同時に進行する視覚情報処理プロセスであることを意味している。また，輪郭に囲まれた面が単独の面として知覚されることは少なく，いくつかの面が1つのまとまりを形成して，上位の形を形成し，その階層的構造の上に，3次元空間内に定位される対象として知覚される。そして空間内に定位される対象は複数であることが常であるために，それらの間の遮蔽関係をどのように知覚するかが対象の空間定位において重要な視覚機能といえる。

　また網膜神経節細胞において輪郭知覚の初期処理が行われるが，そのメカニズム，すなわち on-off 中心周辺拮抗型受容野をもつ神経節細胞の働きと側抑制に対する理解を深めてほしい。

図と地の分擬

　形を知覚するということは，視対象がもつ面を空間上に定位することを意味する。その際，視対象の面を取り囲む**輪郭**（contour）によってその対象の形が明瞭になる。多くの場合，輪郭は輝度変化部位の存在によって知覚される。輪郭線はそれが取り囲む視対象に属し，その輪郭の外側にあるものは背景としてその後ろに退く。すなわち輪郭によって**図と地の分擬**（figure-ground segregation）が行われ，図は地の手前に，地はその図の後ろに広がる面あるいは空間として図地間の奥行き関係が知覚される。たとえば図 4.1 のように，左右に並んだ 3 つの図形を**両眼立体視**（binocular stereogram）してみよう。中央の図形とそれぞれ左右の図形を**交差法**（cross-eyed view method）によって**両眼融合**（binocular fusion）すると，左側の両眼立体視像においては図形中央の黒正方形が手前に飛び出て知覚され，右図形との両眼融合では反対に中央の黒正方形が奥に引っ込んで知覚される。このとき注意深く立体視像を観察すると，それぞれの四角形を囲んでいる輪郭線の属する面が異なっていることが理解できる。すなわち，中央の黒四角が手前にある立体視像においては，それを囲む輪郭線はその四角形の面に属するが，奥にある場合は，同じ輪郭線が黒四角より 1 つ手前にある面に属するように知覚されているはずである。このように奥行き関係，すなわち**遮蔽関係**（occlusion）によって輪郭が属する面は異なる。

図 4.1　**両眼立体視**
交差法（両眼の焦点を手前に置き，右眼と左眼で交差して左右の像を観察する方法）で 3 つの図形を両眼立体視すると 4 つの像が観察される。そのうち，真ん中の 2 つの像が両眼融合した立体像となる。左の立体視像では真ん中の■が手前に浮き出ており，右の立体視像では■が奥に引っ込んで見える。左右の立体視像の間で，それぞれの正方形を囲む輪郭の所属面が異なることがわかる。

4.1 図と地の分擬

このように奥行き関係が知覚されることによって輪郭線の属する面が異なるが、もともと輪郭線をもたない図形においても、奥行き関係が成立することによって面を取り囲む輪郭線が知覚され、形が知覚される場合もある。そのもっとも代表的なものが ランダム・ドット・ステレオグラム（Random Dot Stereogram；RDS）である（5.3 参照）。第 5 章図 5.4 に示すように、左右に並んだランダム・ドット図形の内部に輪郭に囲まれた面を知覚することはできない。しかし左右の図形を両眼立体視によって両眼融合した場合、ランダム・ドット図形の中央に小さい四角形が背景の手前に輪郭をもって知覚される。

また図 4.2 のように、同色同輝度の図形が重なっている場合、その 2 つの図形の間に輪郭を知覚することはできない。しかしこれも両図形に両眼視差をつけて両眼融合した場合、そこには明瞭に輪郭が知覚され、一方が手前に位置し、その後ろにある図形を遮蔽しているという奥行き関係が知覚される。これを平面図形として示した代表的な例が、カニッツァ（Kanizsa, G., 1979）の主観的輪郭（subjective contour）である（図 4.3（a））。これは輪郭錯視（illusory contour）とよばれることも多く、カニッツァも「輝度勾配のない輪郭（contour without luminance gradient）」とよぶことを好んでいたが、ここでは主観的輪郭とよぶことにする。図では、4 つのパックマンが配置されているだけであり、四角形は描かれてはいない。しかし、白い四角形が中央手前にあって、後方の 4 つの黒丸の一部を遮蔽しているという非感性的完結化（amodal completion）が成立し、四角形と黒丸の奥行き関係が知覚される。ただし、両眼融合による立体視は V1 において処理されているが、主観的輪郭については V1 から V2

図 4.2　同色両眼立体視
交差法で両眼立体視すると左の立体視像では右斜めの長方形が手前に見え、右の立体視像では垂直長方形が手前に見える。すべての長方形はまったく同じ輝度の灰色であるが、両眼立体視することによって手前の像の輪郭を明瞭に知覚することができる。

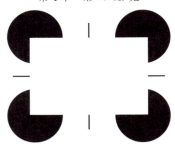

図4.3（a） **主観的輪郭**（Kanizsa, 1979）
図では4つのパックマンと短い線分が互いに向かい合って配置されているだけであるが，中央の白の領域に明瞭な輪郭をもった四角形が知覚される。

にかけての領域，あるいはそれ以降の**外側後頭複合体**（Lateral Occipital Complex：LOC）までの領域が関与していることが知られており（Seghier & Vuilleumier, 2006），これらを同一の現象としてとらえることはできない。それを示すものとして，図4.3（b）のように，主観的輪郭と同一の配置ではあっても，後方に配置されるべき図形が閉じることによって図形として完結している場合，主観的輪郭を知覚することはできない。図4.4 はフォン・デル・ハイトら（von der Heydt, R. et al., 1984）によって報告された主観的輪郭に対するV2の反応を示したものである。図に示された楕円形がV2細胞の受容野を表しており，図からわかるように，輪郭線が明確な図形Aに対する反応は大きく，B，Dの主観的輪郭が成立する図形に対する反応も大きい。しかし，Cでは上下の図形が閉じているために主観的輪郭は成立せず，V2の反応も認められないことがわかる。

このように輪郭が形成され，それが属する面が決定されるためには奥行き知覚を伴う遮蔽関係の成立が前提となるが，遮蔽関係の成立における重要な手がかりとして，**Tジャンクション**（T-junction）を挙げることができる。すなわち，2つの図形が重なっているとき，重なりの部分にアルファベットの大文字T図形に一致した部分が存在する。そしてTの上の横線分を含む面は手前に定位され，縦の線分を含む面が奥に定位されることになる。そのために，後方に配置されるべき図形が閉じているときはこのTジャンクションが形成されず，

4.1 図と地の分擬   91

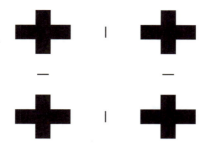

図 4.3（b） **主観的輪郭不成立図**
この図における中心部の白領域とそれに接する周りの図形によって形成される輪郭は図 4.3（a）と同じである。しかし周りの図形が十字図形として完結しているために四角形が手前に位置して他の図形を遮蔽しているという関係が形成されないので，主観的輪郭は知覚されない。

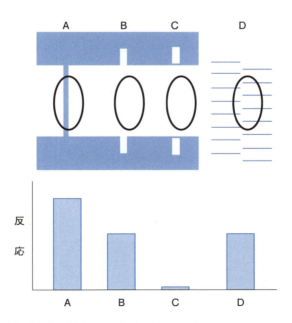

図 4.4 **主観的輪郭に対する V2 細胞の反応**（von der Heydt et al., 1984）
楕円は細胞の受容野を表す。A は実際の輪郭，B と D は主観的輪郭，C は誘導図形が閉じているために主観的輪郭が知覚されないときの V2 細胞の反応を示している。

図 4.5 主観的輪郭の知覚的効果
主観的輪郭によって形成された三角形が，実際の三角形同様，ポンゾ錯視を引き起こしていることがわかる。

遮蔽関係も成立しないために主観的輪郭は知覚されない。

　V2がその処理に関与しているとはいえ，この主観的輪郭は単に図形の配置を手がかりとした推論によって認知されているのではなく，明らかに知覚レベルのものであることもよく知られている。たとえば，図 4.5 のように，主観的輪郭に囲まれた領域において**ポンゾ錯視**（Ponzo illusion）や**ポッゲンドルフ錯視**（Poggendorff illusion）（5.5.2 参照）が生じることから，主観的輪郭が実際の線分と同様の影響を与えていることが理解できる。

　また，図 4.6 を刺激図形として提示した場合，私たちは四角形が円図形の一部を遮蔽したものとして，四角形と円図形を知覚するのであって，けっして四角形とパックマンがそれぞれの輪郭を接して配置されていると知覚することはない。セクラーとパーマー（Sekuler, A. B., & Palmer, S. E., 1992）はこの非感性的完結化が知覚レベルのものであって，そこに認知的判断が加えられたものではないことを，**プライミング効果**を用いて実証している（**トピック 4.1** 参照）。

トピック 4.1　非感性的完結化の検証

　セクラーとパーマー（Sekuler & Palmer, 1992）は図 4.4 に示された非感性的完結化図形において，遮蔽された〇が本当に知覚されているか否か

をプライミング効果（priming effect）を利用して調べた。すなわち，図4.6 を観察した後，○とパックマンのどちらの図形に対してプライミング効果が現れるかを調べることによって明らかにすることができると考えたのである。

実験では図 4.7（a），(b)，あるいは（c）を提示した後，図 4.8（a）あるいは図 4.8（b）を提示して左右に並んだ2つの図形の異同判断を求め，その反応時間を比較した。その結果，図 4.7（b）の提示後は○と○の異

図 4.6　非感性的完結化
□とパックマンがそれぞれの輪郭を接していると考えることもできるが，実際には●の一部が□によって遮蔽されているように知覚される。

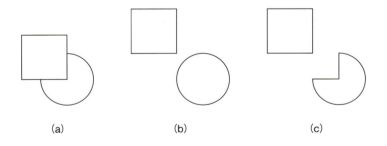

図 4.7　セクラーとパーマーが用いた3つのプライミング刺激図形

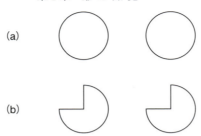

図 4.8　プライミング効果を調べるための異同判断刺激
○に対するプライミング効果がある場合は（a），パックマンに対するプライミング効果がある場合は（b）に示された 2 つの図形間の異同判断反応時間が短くなる。

同判断反応時間はパックマンとパックマンの反応時間に比べて短くなり，○図形に対するプライミング効果が認められた。それに対して図 4.7（c）を提示した後はパックマン図形の判断にプライミング効果が認められた。そして図 4.7（a）を提示した後で○とパックマンのどちらの図形のプライミング効果が認められるかによって□に遮蔽された部分が補完されて知覚されているか否かを明らかにすることができると考えたのである。その結果，○図形の異同判断に要する反応時間のほうが短く（プライミング効果），○図形が知覚されていたことが明らかになったのである。ただし，この場合，図 4.7（a）の提示時間が 200 ms 以上でなければこのようなプライミング効果が認められないという結果も得られ，非感性的完結化が成立するのに要する時間が 200 ms であり，直接○図形をプライム刺激として提示された場合とは異なった処理がなされていることも示唆された。

　さらに図 4.9 に示す図形を，パックマンの中心点を軸に回転させると周辺で回転する楕円は，楕円ではなくなり，その先端がパックマンの中心点に接触して回転する円錐が知覚される。これは**主観的輪郭立体図**（鷲見，2013）とよばれるものであるが，回転運動を加えることによって，それまでは見えていなかった円錐形の立体的形が観察される。このような，運動によって形や面が知覚される代表的な例としては，図 4.10 に示す回転運動をする円筒の知覚を挙げることができる（Hoffman, 1998）。これは回転

4.1 図と地の分擬

図 4.9　主観的輪郭立体図
パックマンと楕円の組合せであるが，パックマンの中心点を軸に回転すると，逆さまの円錐が知覚される。

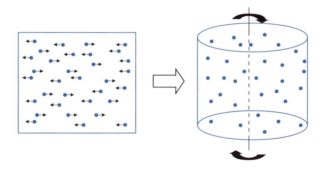

図 4.10　ホフマンの回転する円筒（Hoffman, 1998）
左図のようにランダム・ドットの移動に伴って回転する円筒が知覚される
(http://www.cogsci.uci.edu/%7 Eddhoff/cylinderapplet.html 参照)。

する円筒上のランダムな点を計算によって抜き出して平面上に提示したとき，その点の動きから立体的円筒の回転が再現されるというものである。静止状態では単にランダムに点が配置されているだけであるが，運動を始めた途端に円筒の形とその回転が知覚される。ただしこのように運動によって形が知覚される前提として，私たちは視覚対象を変形しない剛体として知覚する強い傾向をもっていることを忘れてはならない。また，図 4.11 に示す図形を回転させると，明らかに立体的な対象が知覚される。

図 4.11　立体運動効果
静止した状態でもそのように見えるが，この図形を最大円の中心を軸に回転させると，より顕著に最小円が手前に飛び出た円錐，あるいは奥に引っ込んだ円筒が知覚される。

この現象は**立体運動効果**（Stereo Kinetic Effect；**SKE**）とよばれる現象である。最小の黒円が手前に突き出した鉛筆の先端として回転しているようにも見えるが，逆に筒の中をのぞいているように知覚することもできる。

4.2　透 明 視

2つの面の遮蔽関係において，前面が透けて後ろの面が知覚される**透明視**（transparency）が生じるためには以下の条件が揃う必要がある。まず，**図4.12（a）**に示すように図形中に4つの領域（a，b，p，q）が存在し，そのうちの2つ，pとqの領域は1つの視対象として一体化して見える必要がある。さらに単一の透明な面として知覚される2つの領域は，背後に広がる2つの領域のどちらか一方とのみその輪郭を接していなければならない。後者の条件が成立しない場合，**図4.12（b）**に示すように，他の条件が揃っていたとしても透明視は成立しない。さらに，4つの領域の明るさの関係は次の条件を満たす必要がある。すなわち，領域pとqの明るさの差は，領域aとbの明るさの差より小さくなければならない。またpがqよりも明るい場合にはaはbより明るくなければならない（Metelli, 1970）。

透明視が成立するためには単一の視対象として一体化したp・qの領域が図

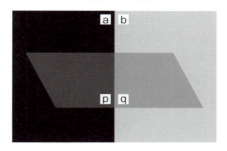

図 4.12 (a) 透明視図形
中央の p, q の領域が一体化して透明な面が知覚されている。

図 4.12 (b) 透明視が成立しない図形
「p, q 領域は，背後に広がる2つの領域のどちらか一方とのみその輪郭を接していなければならない」という条件が満たされないために透明視が知覚されない。

となって手前に位置づけられる必要があるが，この場合 T ジャンクションが成立しないために図として手前に位置づけることが難しい。したがってそれを透明な面と知覚することによって初めて遮蔽関係が成立し，中央部の四角形を手前に位置づけることが可能になるのである。

4.3 輪郭を検出する視覚システム

第2章で述べたように，網膜上の神経節細胞（ミジェット細胞とパラソル細

胞）は on-off **中心周辺拮抗型受容野**（opponent center-surround receptive field）をもつが，これには，on 中心型と off 中心型の 2 種類があり，それぞれ中心領域の反応に拮抗する領域によって取り囲まれている。たとえば，on 中心型の場合，on 領域だけに光が当てられると，当該細胞の発火頻度が通常レベルより上昇する。逆に周囲の off 領域だけに光が当てられた場合，通常反応レベルよりも発火頻度が低下する。細胞全体に光が当てられた場合は，両方の領域の反応が相殺し合って，通常反応レベルに近い発火頻度となってしまう。したがって，実際には on 領域だけ，あるいは off 領域だけに光を当てることはほとんどないので，神経節細胞の on 反応あるいは off 反応が生じるためには，その上を光が通過するか，あるいは輝度変化のあるエッジがその上に投射される必要がある。受容野の中心を横切るようなエッジの場合，ほぼ on 反応と off 反応が拮抗して反応レベルに大きな変化は得られない。図 4.13 の c あるいは d のように，受容野上を不均等にエッジが横切る場合に反応の変化が生じることになる。このことから，神経節細胞が，入力視覚像の輪郭検出に大き

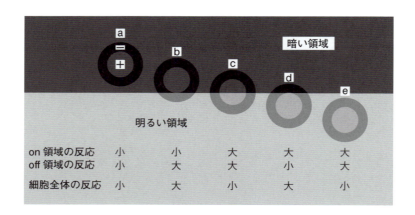

図 4.13　on-off 中心周辺拮抗型神経節細胞のエッジ検出機構
図は on-中心 off-周辺型神経節細胞の反応をそれぞれ示している。a ではどちらにも光が当たっていないので反応は小さい。b では周辺部だけに光が当たっているのでマイナスの反応が大きい。c と e では on 領域と off 領域に同程度の光が当たっているので，それぞれの反応が相殺し合って，細胞全体の反応は小さくなる。d では on 領域，off 領域両方に光が当たっているが，中心の on 領域に多く光が当たっているので，プラスの反応が大きい。

な役割を果たしていることが理解できる。

このように，網膜上の神経節細胞は視対象の輪郭（エッジ）がその上に投影されたときに反応が顕著になるという輪郭検出器としての機能を有しており，この処理によって神経節細胞から外側膝状体へ送られる主な情報の一つは輪郭線によって形成されたものであることが推測される。これは視覚的に体験されるものではないが，この段階での視覚像の特徴は，たとえば観察対象が図4.14（a）（口絵）であるとするならば，図4.14（b）（口絵）のような輪郭が抽出された形で伝達されているものと考えられる（Snowden et al., 2012）。

図4.15（a）はヘルマン格子錯視（Hermann grid illusion）とよばれるもので，格子の中心部を見ていると，周辺視された格子の交点に灰色の影が知覚される。灰色の影を確認しようとして目を移すとそこには影は見えず，周辺視された交点に影が見えるだけである。この現象は神経節細胞の on-off 中心周辺拮抗型受容野の性質によって説明が可能である（Spillman, 1994）。すなわち，図4.15（b）の左側に示された on 中心型受容野のように，受容野の左右の off 領域だけが反応する場合に比べて，格子の交点では上下左右の off 領域が反応し，その分 on 領域の反応をより強く抑制するために，その部分だけが暗く知覚さ

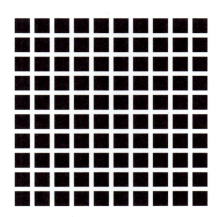

図4.15（a） ヘルマン格子錯視図
周辺視している交差部位に灰色の影が知覚される。

図 4.15（b） ヘルマン格子錯視説明図
格子図形の交差部位と水平部位が on-off 中心周辺拮抗型神経節細胞の受容野上に当てられたとき，左右2方向からの拮抗反応が生じる水平部位に比べて，四方からの拮抗反応が生じる交差部位は暗く感じられる。

れることになるという説明である。また，中心視では影は知覚されず，周辺視のみで影が知覚される理由としては，網膜の中心窩付近の受容野のサイズが周辺視に比べて小さいことが挙げられている。ただし，ヘルマン格子の形を直線ではなく曲線で描くと錯視現象がみられなくなることから，必ずしもこの要因だけによって説明されるものではないともいわれている（Geier et al., 2008）。

さらに，神経節細胞のレベルにおいて，輪郭をより明瞭にする側抑制（lateral inhibition）という機構が働いていることはよく知られている。図4.16はマッハの帯（Mach band）とよばれるものであるが，下に示された輝度変化を見てわかるように，2つの明るさの異なる面とその間を明るさの低いほうから高いほうへ変化するグラデーションでつないだものである。この図でみられる現象は，暗い面とグラデーション面との境界領域に，より暗い縦の帯が知覚され，明るい面とグラデーション面の境界領域には，より明るい縦の帯が知覚されることである（側抑制については3.2.3を参照のこと）。

神経節細胞では輪郭（エッジ）の検出がその主要な機能であるが，これに関連する機能として，コントラスト感受性を挙げることができる。すなわち，明所視において，ミジェット細胞の受容野は小さく，空間周波数3 cycle/deg に

4.3 輪郭を検出する視覚システム

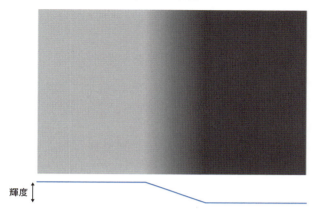

図 4.16　マッハの帯
左側の明るい面から右側の暗い面のほうへ勾配をもって輝度が変化しているが，輝度変化の始まる部位に明るい縦の帯が見え，輝度変化が終わる部位に暗い縦の帯が見える。この現象は輪郭を明瞭にする機能をもった側抑制によって説明されている。

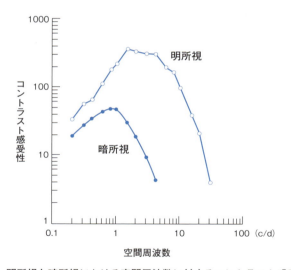

図 4.17　明所視と暗所視における空間周波数に対するコントラスト感受性曲線

コントラスト感受性曲線（Contrast Sensitivity Function；CSF）のピークがある。それに対して暗所視ではパラソル細胞が働き，コントラスト感受性曲線のピークは 1 cycle/deg となる（図 4.17）。また，縞模様の点滅の速さに対する

時間的コントラスト感受性曲線については，明所視では 8 Hz，暗所視では 5 Hz がピークとなる。

外側膝状体では小細胞のコントラスト感受性曲線のピークは 10 cycle/deg であり，大細胞では 1 cycle/deg となっている。V1 ではさらに空間周波数の高い位置にピークがあり，網膜から外側膝状体を経て V1 に伝達されるにつれて輪郭が明瞭になっていくことが理解される。

さらに最近では，従来の受容野を**古典的受容野**（classical receptive field）とよび，たとえば V1 では，隣接する古典的受容野の最適な方位や最適な空間周波数処理を顕著にするために，その周囲を特徴選択的に抑制する**非古典的受容野**（non-classical receptive field）が存在することが明らかになっている（Walker et al., 1999）。V1 におけるポップアップ現象や図地分化（Knierim & van Essen, 1992），主観的輪郭（von der Heydt et al., 1984），テクスチャー境界（Tanaka & Ohzawa, 2009）などさまざまな特徴検出の基礎的処理に関与していることがわかってきている。

4.4 面のまとまり

これまで説明してきた網膜神経節細胞から V1 に至る輪郭の検出機能は，視対象がもつ局所的な輪郭を検出するものであるが，それらを 1 つにまとめて輪郭に囲まれた形を知覚するプロセスを担うものが V1 以降の視覚処理系であり，その形を過去の記憶と結びつけて対象の認知を担うのが主に側頭葉連合野である。したがって形の知覚は，①個々の輪郭の検出→②輪郭を統合し，面によって囲まれた形の知覚→③知覚された形と過去の経験・知識を統合する対象認知，の 3 段階のプロセスが働いているといえよう。

輪郭によって取り囲まれた形をもった面が形成されると，視野の中にはさまざまな形の面が多数存在していることがわかる。たとえば，図 4.18 は多数の斑点の集まりのように見えるが，よく見るとダルメシアン犬が向こう向きで地面に口を当てている姿を見出すことができる。これはいくつかの斑点（形をもった面）が 1 つにまとまり，ダルメシアン犬の姿を形成し，新たな形と面を知

4.4 面のまとまり

図 4.18　斑点の集まりとして知覚されるダルメシアン犬
（写真家 James, R. C., 1966 より）

覚したことを意味する。輪郭に囲まれた個々の面はいくつかの要因によってまとまりを形成し，それによって新たな形および面が形成されたのである。

ゲシュタルト心理学（gestalt psychology）の創始者であるウェルトハイマー（Wertheimer, M.；1880-1943）は，このようにいくつかの部位がまとまって新たな形や面を形成するときの特徴を**体制化の法則**（law of organization）あるいは**群化の法則**（law of grouping）として，以下の要因によってまとまりが形成されるとしている（Wertheimer, 1912；図 4.19）。

1. 近接（proximity）の要因

空間的に近接した面や線同士がまとまりやすい。ただし，透明視のように，奥行き関係の要因が関与した場合は必ずしもこの限りではない。図 4.19（a）では 20 個の●が配置されているが，それらがばらばらに知覚されるのではなく，上の段では中央の 4 つの●が 1 つにまとまって四角形をなして知覚される。下の段では左と中央の 4 つの●がそれぞれまとまり，右側では上の段と下の段の距離が近いために，四角形かあるいは縦に 4 つ並んだ●が 1 つにまとまって知覚される。

2. 類同（similarity）の要因

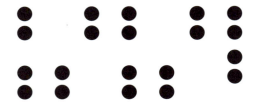

図 4.19(a) **近接の要因**
互いに近くにある 4 つの●がまとまって知覚される。

図 4.19(b) **類同の要因**
互いに近いもの同士ではなく，○がまとまって知覚される。

　形や色など，類似した性質をもつ面や線同士が 1 つにまとまりやすい。図 4.19(b) では，○と●が図 4.19(a) 同様に配置されているが，○と●の違いが大きいために，互いの距離に関係なく，縦に並んだ 4 つの○がそれぞれ 1 つにまとまって知覚される。

3. 閉合 (closure) の要因

　輪郭によって囲まれる可能性が高い部位は 1 つにまとまりやすい。図 4.19(c) では円弧が左右に等間隔で並んでいるが，内側に湾曲した円弧同士が 1 つにまとまり，閉じた円図形として知覚されやすい。

4. 良い連続 (good continuation) の要因

　方向を大きく変えることなく，滑らかに連続している線や面はまとまりやすい。図 4.19(d) では，2 つの三日月が向かい合っていると見ることもできるが，2 つの○が重なっている図形として知覚しやすい。これは○として見たほ

図 4.19 (c)　閉合の要因

等間隔に配置された円弧であるが，互いに円形を形成する方向に向いたもの同士がまとまって知覚される。

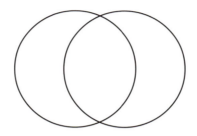

図 4.19 (d)　良い連続と良い形の要因

三日月同士が向かい合っているようにも見えるが，線分の連続性と円としてのまとまりの良さから，円図形が重なっているように知覚される。

うが2つの円の交点における線分の連続性が良いためである。

5. 良い形 (good gestalt) の要因

複雑な形をもつ面よりも，より簡潔で対称性の高い面を形成するように要素がまとまりやすい。図 4.19 (d) は上記のように2つの〇が重なっているように知覚されるが，それは〇のほうが三日月よりも形としてはより簡潔で単純な図形であることによる。このように簡潔で単純な図形として知覚する傾向が強いことを，ゲシュタルト心理学では**プレグナンツ（簡潔化）の法則**（law of prägnanz）とよんでいる。

6. 共通運命 (common fate) の要因

多くの面が配置されている中で，同一方向へ同時に移動する面は1つのグループとしてまとまりやすい。図 4.19 (e) は●の集まりであるが，互いにばらばらであっても，同時に同じ方向へ移動する4つの●は1つにまとまって知覚される。

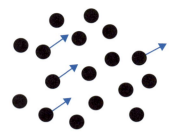

図 4.19（e） 共通運命の要因
●がランダムに配置されているだけであるが，同時に同じ方向へ移動する 4 つの●が 1 つにまとまって知覚される。

4.5 形の認知

　上記ダルメシアン犬の認知の場合，もし私たちがダルメシアン犬の存在や特徴を知らなければ，それを認知することは困難といえる。なぜならば，この斑点のまとまりは上記体制化の法則に含まれるどの要因にも依拠していないからである。すなわち視覚刺激を過去の記憶と連合させる，あるいはそこに何らかの判断，たとえば，ダルメシアン犬は知らないがイヌの形は知っており，そこに類推を介在させてイヌの形を認知するという高次な処理が関わっていると考えられる。このように局所的にまとまって部位を統合し，視覚対象がなんであるかを理解するプロセスは腹側路においてなされ，その最終段階の処理を行う場所が**側頭葉連合野**（temporal association area）といわれている。

●練習問題

1. 両眼立体視の練習をして，図 4.1 と図 4.2 の両眼立体視を体験してみよう。
2. 輪郭検出機構としての on-off 中心周辺拮抗型神経節細胞の機能と側抑制についてまとめてみよう。
3. 形の知覚に不可欠な図地の分擬は遮蔽関係を前提としているが，このことと第 2 章で述べた大細胞系と小細胞系機能との関係について考えてみよう。

●参考図書

カニッツァ, G. 野口 薫（監訳）(1985). カニッツァ 視覚の文法――ゲシュタルト知覚論―― サイエンス社

　副題からもわかるように，ネオ・ゲシュタルト心理学者と称される著者が，知覚におけるさまざまな現象に対して実験現象学的観点から，多数の図をもとに考察を加えている。読むだけでなく，ページをめくるだけでも楽しい。中級者向け。

ホフマン, D. D. 原 淳子・望月弘子（訳）(2003). 視覚の文法――脳が物を見る法則―― 紀伊國屋書店

　生まれもった「普遍的視覚の法則」と「経験によって習得した視覚的情報処理の法則」によって私たちは視覚世界を構築しているという考えのもとに，基本的視覚機能に関連した 35 の法則を述べ，どのように視覚世界が構築されているかについてわかりやすく解説している。また，ホフマンのウェブサイト http://www.cogsci.uci.edu/~ddhoff/ において，さまざまなデモンストレーションを見ることもできる。中級者向け。

… 5

3次元空間の知覚

　視覚を通して知覚される空間の広がりを，視空間または空間知覚とよんでいる。3次元の空間を知覚することは，人間ができるさまざまな活動の基礎である。たとえば，コップを持つという動作を考えると，コップの形や大きさを知覚し，自分からコップまでの方向と距離を知覚し，コップにどれくらい力を入れれば持つことができるのかを瞬時に判断している。一連の行動は，人間に優れた空間知覚の能力があるためにできる。自分から対象，もしくは対象から対象までの距離・奥行きの知覚，対象の形，大きさ，方向，位置の知覚は，普段ほとんどその重要性を意識することはないが，人間の行動にとってきわめて重要である。この章では，空間知覚の仕組みや，これに関連した視覚現象について解説する。

5.1　3次元空間の知覚と奥行き手がかり

　私たちが活動しているのは，上下，左右，前後の広がりをもった3次元空間である。前後の広がり，すなわち奥行きを知覚することは，環境での活動に欠かせない。階段を上る，前の車を追い抜く，飛んでくるボールを受け止める，机上の鉛筆を取るなど，日常生活の行動のほとんどは奥行きを知覚しているからこそできる。しかし，外界の光を感受する網膜はきわめて薄い膜であり，上下，左右の2次元的な広がりしかもっていない。では人間の脳は，2次元の網膜像からどのように奥行きを回復しているのだろうか。

　図5.1のような敷石の道を歩いているとき，自分に遠い，近いという奥行きを知覚する仕組みについて考えてみよう。敷石は物理的に同じ形と大きさをもっているとしよう。真上から見れば，敷石はみな同じに見える。しかし人間の眼の高さで見るとき，網膜に同じ形と大きさの像が投影されるわけではない。敷石を見ている観察者の網膜像は，自分から敷石までの距離に従って組織的に変化する。網膜上の肌理要素（敷石）の大きさは，自分から敷石までの距離が近ければ大きく，遠ければ小さく投影される。加えて，網膜上の肌理要素の密

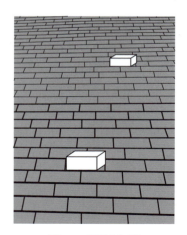

図5.1　肌理の勾配
同じ形と大きさの敷石が網膜上に投影されるとき，観察者から敷石までの距離が増大すると，網膜上の肌理要素の大きさは減少し，網膜上の肌理要素の密度は高くなる（肌理要素上の箱の大きさ知覚については，トピック5.4「大地説」を参照）。

度は，近い距離では粗く，遠い距離では細かく投影される。このように網膜像に含まれる情報に，奥行きのための情報が含まれている。これらの情報が「手がかり」となって，奥行きが知覚される。

先の問に対する答えは，視覚系は網膜像に含まれる，もしくは網膜像以外の手がかりを利用することによって，奥行きを回復するというものである。この手がかりは，奥行き知覚に利用されていることから，**奥行き手がかり**（depth cue）とよばれる。3次元環境からの光を2次元の網膜で感受し，奥行き手がかりを利用しながら脳は再び世界を3次元として知覚する。

図5.1の奥行き手がかりは**肌理の勾配**（texture gradient）とよばれる。敷石のように，道や床などの面を構成する要素を肌理という。勾配という語は一般的には傾斜を意味する。奥行き手がかりの場合，網膜上の肌理要素の大きさ，密度などが，距離に従って組織的に変化することを「勾配」とよんでいる。

人間は，昼や夜，屋外や屋内といったさまざまな状況で，多くの手がかりを利用して奥行きや距離を知覚している。単独の手がかりで，特定の知覚現象を規定することはきわめてまれである。その状況で利用可能な手がかりを複数組み合わせて，奥行きの知覚が成立している。奥行き手がかりは，奥行きばかりではなく，形や傾き，大きさ，速度，方向など多くの知覚で重要な役割を果たしている。このことから，手がかりを空間知覚の手がかりとよぶこともある。

5.2 絶対距離と相対距離

奥行きや距離という語は，日常でも頻繁に使用する。たとえば「ココからソコまでの距離」や，「ソコからソコまでの距離」などと言っている。この例での距離は異なった定義ができ，実際に空間知覚の研究の中でも区別して使われている。自分から対象までの距離は**絶対距離**とよばれる。自分（ココ）からソコまでの距離は，絶対距離である。一方，2つの対象どうしの距離を**相対距離**とよぶ。相対距離には，1つの対象の部分間の距離も含まれる。「ソコからソコまで」は，自分以外の対象間の距離であるので相対距離である。一般的には相対距離を単に奥行きとよぶことが多い。

5.3 さまざまな手がかり

　絶対距離や相対距離など3次元空間の知覚のために，脳が利用する手がかりはさまざまである。左右の眼の動きに関連する手がかりを，**眼球運動性の手がかり**（oculomotor cue）という。眼球運動性の手がかりは，デスクワークのような近距離の空間で主に有効である。また，2つの眼が顔の正面にあることで，有効性が一層高まる手がかりとして，両眼視差がある。両眼視差は，奥行きのためにきわめて有効な手がかりであるとともに，奥行き以外の他の知覚に対しても重要な役割を果たしている。さらに左か右かの単眼で有効な手がかりもある。運動視差や絵画的手がかりとよばれる単眼性の手がかりは，主に相対距離に対して有効である。

5.3.1 眼球運動性の手がかり

　私たちは日常，さまざまな距離にある物体を見ている。対象を見ているとき，眼球の運動と眼の筋肉（毛様体筋や外眼筋などの眼筋）の情報が脳に送られ，これが物体の距離に関する情報を与えることになる。眼球運動性の手がかりには，調節と輻輳がある。これらの手がかりは，1，2m程度のきわめて近距離であれば，絶対距離知覚のために大変に有効な手がかりとなる。近距離であれば，他の手がかりが利用できない状況においても，絶対距離を規定することができる。

　調節は，カメラで鮮明な写真を撮影しようとするときの，ピント合わせに似た働きである。図5.2に示すように，遠くの対象を見るときには眼の水晶体の厚みは薄くなり（水晶体の屈折力は減少），近くの対象を見るときは水晶体の厚みは厚くなる（屈折率は増加）。この厚みの変化は，毛様体筋という眼筋の伸縮による（2.2参照）。このような水晶体の厚みの変化を**調節**（accomodation）とよぶ。いわゆる老眼（老視）は，加齢とともに水晶体やこれを支える筋肉の働きが衰え，つまり調節の働きが衰えることによって，近いものが見づらくなる状態である。

　輻輳（convergence）の手がかりも，眼球の運動が関係する。図5.2に示す

5.3 さまざまな手がかり

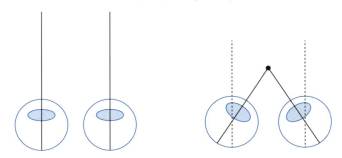

図 5.2 　調節と輻輳
左図は遠くを見ている場合，右図は近くを見ている場合のそれぞれの手がかりの様子を示す．

ように，遠くのものを見るときには両眼の視線は平行になり，近いものを見るときには両眼の視線は輻輳する．観察者から対象までの絶対距離に伴って，両眼の視線のなす角度（輻輳角）も変化する．眼球の動きでいえば，遠いものを見るときには眼球は外側に回転し，近いものを見るときには内側に動く．

日常では，調節と輻輳は互いに協調して働いている．遠くの対象を見るときには輻輳角は小さくなり，同時に水晶体の屈折率は（調節）は減少する．近い対象を見るときには輻輳角は大きくなり，水晶体の屈折率は増加する．

5.3.2 両眼網膜像差

人間の左右の眼は約 6 cm 離れている．左右の眼をそれぞれ閉じて外界を見ると，左眼像と右眼像はわずかであるが異なっていることがわかる．しかし私たちは両眼で見ていても，外界が二重に見えることはない．これは左眼の情報と右眼の情報が脳に伝わり，1 つの像に融合するからである．

左眼像と右眼像がどれくらい異なっているのか，実際に体験してみよう．左眼をつぶり，左右の人差し指を前後にぴったりと重ねてみよう．この際，右手を伸ばし，左手は手前にくるようにする．これを左眼だけで見ると，図 5.3 に示すように，ズレた位置に人差し指が見える．脳はこのようなズレの情報を，奥行きと解釈するのである．このズレの情報は大変に強力な奥行きの手がかりであり，両眼網膜像差（binocular retinal disparity）という．人差し指の観察で，右手の位置はそのままにして，左指の距離を変えて観察してみよう．右指

図 5.3 両眼網膜像差の体験
左右の指の奥行きを変えて観察してみよう。

を左指の前後の距離（奥行き）が短いときには，左右それぞれの単眼で見る像のズレはわずかで，前後の間隔が長くなるとズレが大きくなることがわかるだろう。脳はズレの量を奥行きの量に変換するのである。また図 5.2 に示したように，対象までの距離によって輻輳角も変化する。この輻輳によって生じる両眼間の対象の位置や視方向の違いを**両眼視差**（binocular parallax）とよぶが，慣習としてこれを上記の両眼網膜像差と同じ意味で用いることが多い。

　両眼網膜像差を利用した画像にステレオグラムがある。図 5.4 は普通に眺めれば，ランダムなドットが並ぶパターンが見える。ただしこの図のドットの一部は，水平方向にズレて描かれている。これらの絵をそれぞれの眼で別々に観察すると，2 次元画像であるにもかかわらず，立体的な画像を知覚体験できる。図 5.4 の場合，左と真ん中，もしくは右と真ん中の絵をそれぞれの眼で見て，それを両眼融合する。すると一方の中央部の四角形は浮き上がって，もう一方の四角形は奥のほうに引っ込んで見える。このようなステレオグラムを**ランダム・ドット・ステレオグラム**（Random Dot Stereogram：RDS）という。水平方向にズレたドットの位置が両眼網膜像差を形成するために，両眼融合した場合，位置のずれに応じて奥行きを知覚することになる。このような手法を**両眼立体視**（stereopsis）とよぶ（4.1，トピック 5.1，トピック 5.2 参照）。この融合の方法には 2 種類あり，2 つの像を実際の画像の向こう側で融合する方法と，両眼を寄り目にして，視線を交差し，画像の手前で融合する方法がある。

5.3 さまざまな手がかり

図 5.4　**ランダム・ドット・ステレオグラム**（下條，1995）
左と真ん中，もしくは右と真ん中の絵のどちらかを平行法か交差法で観察しよう。上部の黒点はランダム・ドット・ステレオグラムに必要なものではなく，観察時に補助的に使用すればよい。

前者は平行法，後者は交差法とよばれる。融合方法の違いによって観察される奥行き関係は逆になる。この技法は現在の3D映像に応用されているが，左右が青と赤の眼鏡をかけて見るアナグリフ方式や，偏光フィルターあるいは液晶シャッターによって両眼それぞれに視差のある映像を提示する方式などが開発されている。

両眼網膜像差は，奥行きだけでなく，傾き，方位，大きさ，形などのさまざまな知覚にも有効な手がかりである（**トピック 5.3** 参照）。図 5.4 のステレオグラムで四角形の奥行きが観察できた人は，今度は手前に浮き出て見える四角形と，奥に引っ込んで見える四角形の「大きさ」に注目してほしい。手前よりも奥の四角形のほうが，大きく見えるだろう。これは両眼網膜像差が大きさ知覚に影響を及ぼす例である。2つの四角形の網膜像の大きさは同じである。しかし奥行きが変化して見えることで，四角形の大きさも変化して見えるのである。両眼網膜像差が，さまざまな知覚にとって大変に有効な手がかりであるのは，約 30 m 以内の比較的近距離である（Palmer, 1999）。飛行機のようにとても高い上空から地上を眺めると，左右それぞれの像にズレはなくなる。

両眼網膜像差を利用するのは，人間ばかりではない。ネコやサルなどの捕食者は，一般に正面に両眼がある。これは両眼で立体像が作りやすいことを意味している。捕食者は，生きて動いている対象の形や，対象までの距離を正確に知覚する必要があることから，網膜像差手がかりを大いに利用している。一方ウサギ，ウシ，シカのように被食者の眼は，正面ではなく側方に位置している。

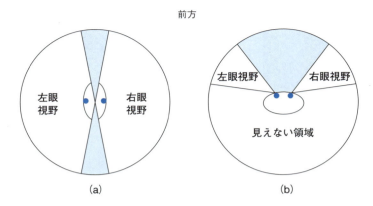

図 5.5 眼の位置と視野
アミカケで示した領域は，左眼と右眼の視野が重なっている領域を示す。(a) はウサギなど眼が側方に位置する場合の視野。(b) はヒトなど眼が正面に位置する場合の視野。

この眼の位置では，図 5.5 のように左眼像と右眼像が重複することはほとんどない。そのため，ヒトやサルなどの捕食者のようには網膜像差を利用できない。ただし側方の眼の位置は，捕食者をただちに発見するために必要な広い視野を確保できるという利点をもっている。

トピック 5.1　両眼立体視における対応関係

　両眼融合によって立体視が可能になるためには，左右の網膜像の間の対応関係を検出する必要がある。ランダム・ドット・ステレオグラムにおける対応関係の検出についてはマーとポッジオ（Marr, D., & Poggio, I., 1979）の計算モデルが代表的である。ランダム・ドット図形は，その粗密の空間周波数（トピック 2.2 を参照）に対応したチャンネルによって分析され，空間周波数の低いほうから高いほうへ，すなわち粗いランダム・ドットから密なランダム・ドットへ，順に両眼網膜像の対応関係が検出されるというモデルである。この際，最初に粗い視差が検出されることによって，両眼の輻輳運動が制御され，それが密なランダム・ドットの対応関係の検出に寄与すると考えられている。換言すれば，大きな領域の対応関係が最初に検出されやすく，それによってより細かな部分の対応関係が誘導されるといえよう。

トピック 5.2　両眼網膜像差の生理過程

両眼の情報は，図 2.9 からわかるように外側膝状体（LGN）までは融合されているわけではない。第 1 次視覚野（V1）において初めて両眼網膜像が融合されて立体視が生じることになる。V1 の単純細胞の大半は，両眼性であると同時に両眼網膜像差の処理を行っていると考えられている。両眼性とは，両眼に対応する受容野をもっており，左右の受容野間のずれを処理していることである。その上で，受容野の狭い単純細胞の反応を複雑細胞が統合して両眼立体視を成立させていると考えられている。なお，両眼間の視差の処理は最小でも 0.1〜0.2°である（Dow et al., 1981）。ランダム・ドット・ステレオグラムの各ドットサイズがそれ以下であっても両眼立体視が生じることから，ドット間を 1 対 1 に対応づけているのではなく，単純細胞の受容野に入る複数のドット構成される領域が対応づけられ，それらをさらに広い領域で対応づけているのが複雑細胞と考えられている。また V1 での視差は前額平行面での動きには敏感であるが，奥行き運動にはあまり反応しないことも知られている（Maunsell & van Essen, 1983）。

トピック 5.3　両眼網膜像差による見えの質的変化

実際の生活空間においてはさまざまな対象が存在し，通常は互いに重なっている。両眼立体視において，両眼網膜像差を操作することによって，複数の対象の重なりの関係を変えることができる。通常は単純に前が後ろを覆うだけであるが，用いる画像によっては遮蔽関係が変わることによって見えの質的変化が生じる場合がある。たとえば図 5.6 に示す主観的輪郭に網膜像差をつけて両眼視した場合，主観的輪郭によって形成される四角形が手前になるとき，その背後の黒丸の一部は四角形に覆われて見える。しかし逆に 4 つの黒丸が手前に位置する場合，四角形の四隅が黒丸によって覆われているようには見えず，4 つの丸い窓を通してその奥に四角形が見える。このように単純に刺激布置が変わっただけで，両眼立体視が質的に変化する場合もある。対象同士がどのような配置，重なりの関係にあるかによって，もっとも適切な視覚現象が生じるような高次なメカニズムが働いていることが推測される。

図 5.6　主観的輪郭両眼立体視（下條，1995）
左右に並んだ 3 つの図形を交差法による両眼融合で隣り合う図形同士を融合すると，右の両眼立体視像では主観的輪郭と同様，手前に□が浮き上がり，向こう側の 4 つの●のそれぞれの一部を遮蔽しているように見えるが，左の立体視像では，4 つの丸い窓の向こう側に四角形が位置するように見える。この際●の周囲の白部分によって□が遮蔽されているように見える。

図 5.7　両眼立体視透明視
交差法で両眼融合すると，右の融合像は明度の低い右斜めの長方形が手前にあって，後方の長方形を遮蔽しているように見える。左の融合像では明るい左斜め長方形が手前にあり，その奥に手前の長方形を透かして黒い長方形が見える。

　これと同様な，奥行き関係の違いによって透明視が知覚される現象を挙げることができる。図 5.7 では明るさが異なる 2 つの長方形が角度を変えて重なっている。左右の図形は同じであるが，真ん中の図形は 2 つの長方形の位置が左右にずれて両眼網膜像差が設定されている。これらを両眼立体視することによってそれぞれの長方形間の奥行き関係が立体的に知覚される。明るい長方形が手前に位置するときは，単純にその背後に暗い長方形が遮蔽されているように知覚される。しかし，暗い長方形が奥に位置する場合には，手前の明るい長方形の奥に，暗い長方形が透けて見えるという透明視が観察される。

5.3.3 単眼性の手がかり

片方の眼に対する情報だけで有効である手がかりは，**単眼性の手がかり**（monocular cue）という。単眼性の手がかりは，両眼で見ているときでも有効である。ここで紹介する単眼性の手がかりは，画家が絵画に奥行きの印象を与えるために使用する表現方法によく似ていることから，**絵画的手がかり**（pictorial cue）ともよばれる。

片眼を治療中，もしくは片眼に障害がある場合でも，奥行きは知覚できる。これは以下に紹介する単眼性の手がかりも大きな影響を与えている。私たちは，実際にこれらの手がかりを利用して環境を知覚している。ここでは，代表的な単眼性の手がかりを紹介する。

1. 線遠近法手がかり

図 5.8 を見て，この道路は，幅を広くしたり狭くしたりして作られていると考える人はいないだろう。誰もが平行な道路であると知覚する。図 5.8 だけでなく，写真は透視図の原理に従って，風景を撮影したものである。透視図は，3 次元空間を 2 次元の平面上に再現するための方法である。透視図は写真ばかりではなく，画家が絵画を描くときにも使われている。画家が線路や道をキャンバスに描くとき，距離が遠ざかるに従って，先のすぼまった収束線として描く。さらに遠方になれば，この 2 本線は，消失点とよばれる水平線上の 1 点に交わる。

人間の視覚にとって重要なことは，人間の眼においても，物理的な平行線を

図 5.8　**線遠近法手がかり**
物理的に平行な道路は，距離に従って収束するように網膜に投影される。

見るとき，収束した線が網膜に投影されていることである．物理的に平行な道路は，自分に近いところの道路幅は広く，遠ざかるに従って幅が狭くなっていくように，網膜に投影される．人間が外界を見ているときに網膜に映っている像は，3次元空間を透視図法の規則に従って2次元面に投影したものである．

網膜に投影された収束の程度は，対象の遠さ，近さを知覚するための重要な手がかりとなる．この手がかりを**線遠近法**（linear perspective）**手がかり**とよぶ．私たちは，道路や線路が物理的には平行に作られていることを，日常の経験から知っている．脳は，経験に基づいて道路は平行と仮定している．このような仮定のために，網膜上の線の収束の程度が，距離知覚のための手がかりとなる．

線遠近法の手がかりは，単眼性の手がかりの中でもとくに重要であり，その重要性のために数多くの実験研究が行われてきた．この手がかりは距離ばかりでなく他の知覚属性，たとえば傾き（方位）や大きさなどの知覚に対しても有効である．線遠近法が大きさ知覚に影響を及ぼす例として，図 5.9 に示す廊下錯視（遠近法錯視ともよばれる）がある．3つの円筒はすべて同じ大きさに描かれているが，線遠近法によって遠くの印象を与えられる円筒は，他よりも大きく見える．

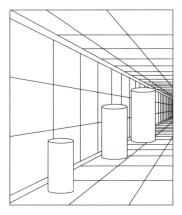

図 5.9　**廊下錯視**（Gibson, 1950）
この図において1点に収束する線の描き方は透視図法に従っている．ただし肌理要素も描かれているので，厳密に区別すれば肌理の勾配である．

2. 肌理の勾配

本章の初めに紹介した**肌理の勾配**も，代表的な単眼性の絵画的手がかりである。多くの物体や面は物理的な肌理をもつ。たとえば地面は石，砂粒，稲穂，草，花などの肌理で覆われている。これらが網膜上に投影されるとき，肌理要素が勾配を形成し，奥行き知覚に重要な役割を果たす（**トピック 5.4**「大地説」も参照）。

図 5.1 のような同じ形，大きさの肌理要素を観察するとき，網膜に投影される肌理要素の大きさと密度は距離とともに変化する。距離が遠くなると，肌理要素の投影上の大きさは減少し，密度は増大する。加えて投影上の肌理要素の形は，縦横比（aspect ratio）で表すことができる。縦横比は距離ではなく，面の傾きとともに変化する要素である。カッティングとミラード（Cutting, J. E., & Millard, R. T., 1984）は図 5.10 のような実験刺激をコンピュータ画面上に提示して，実験参加者に面の奥行き判断を求めた。彼らの実験では，奥行きの印象に重要な役割を果たすのは，図 5.10 の (d) のような肌理要素の大きさであったという。

3. 相対的大きさの手がかり

網膜像の大きさの大小も，奥行きの手がかりになる。図 5.11 のように，観

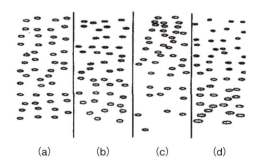

図 5.10 **カッティングとミラードの実験刺激例**（Cutting & Millard, 1984）
(a) 肌理要素の変化はない条件。(b) 縦横比が変化する条件。刺激面の下方よりも上方で，肌理要素の横に対する縦の比率が減少している。(c) 密度が変化する条件。刺激面の下方よりも上方で，肌理要素の密度が高くなっている。(d) 大きさが変化する条件。刺激面の下方よりも上方で，肌理要素の大きさが小さくなっている。

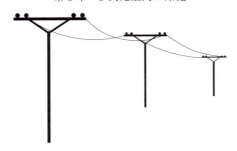

図 5.11　相対的大きさの手がかり

察者から電信柱までの距離によって網膜上に投影される大きさ（この場合は高さ）は異なる。小さければ遠くにあり，大きければ近くに知覚される。これを**相対的大きさ**（relative size）**の手がかり**とよぶ。私たちは，道に並んで立っている電信柱はみな同じ高さであることを，日常の経験から学習している。脳は，経験に基づいて対象の大きさは同じと仮定している。このような仮定のために，網膜上の大きさの違いが相対距離の手がかりとなるのである。

4. 相対的高さの手がかり

視野にある対象の高さも，奥行きの手がかりとなる。図 5.12（a）の 3 隻の船のうち，遠くに見えるのは左上で，近くに見えるのは右下の船であろう。これは，視野の中でより高い位置にある対象は遠くに，低い対象は近くに見えることによる。視野の中での対象の高さ（垂直位置）も，相対距離の手がかりとなる。この手がかりを**相対的高さ**（relative height）**の手がかり**という。

セジウィック（Sedgwick, H. A., 1986）は，**地平線比率関係**（horizon ratio relation）という手がかりを提案した。図 5.12（b）に示すように地面上にある対象の相対距離は，地平線からの高さの比率に等しい。この比率は，網膜に投影される対象の高さの比率である。この地平線比率関係は，地平線との関係から相対的高さ手がかりを示したものといえる。

5. 重なりの手がかり

対象が別の対象を部分的に覆うと，覆った対象は覆われた対象よりも前にあると知覚される。これを**重なり**（occlusion）**の手がかり**とよぶ。図 5.13 のように，多くの椅子が乱雑にあっても，椅子の前後はすぐにわかる。これは，あ

5.3 さまざまな手がかり

 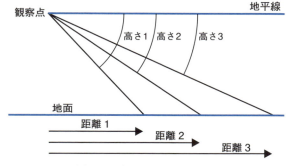

(a) 相対的高さの手がかり　　　(b) 地平線比率関係の手がかり

図 5.12　相対的高さと地平線比率関係の手がかり
距離 1/距離 2＝高さ 1/高さ 2 の関係にある。(a) の水平線を地平線と見立てれば，地平線からの垂直距離（図中，高さと示す）は，相対距離の手がかりとなる。

図 5.13　重なりの手がかり

の椅子はこの椅子の後ろにある，というように，複数の対象どうしの重なりによって，対象間の奥行きが知覚できるためである。

　重なりの手がかりは 2 つの対象の前後の順序だけを示し，対象間の距離はどれくらいかという奥行きの量を示すことはない。奥行き量のためには，他の手がかりの助けを必要とする。ただし重なりは，自分から対象までの距離，あるいは対象どうしの距離が近くても遠くても有効な手がかりである。なぜなら覆う対象と覆われる対象の前後の順序は，距離が変化しても同じままに保たれるからである。

図 5.14　大気遠近法の例
遠くの山並みはかすんで見え,近くの山並みは明瞭に見える。

6. 大気遠近法

　遠くの山並みを見ると,近くのものに比べ,かすんで青みがかって見える。これは,大気中に伝わる光が散乱することによって生じる効果であり,**大気遠近法** (aerial or atmospheric perspective) よばれる。この効果は,大気中に塵や水分が多く含まれる気象環境で生じやすい。一般的に遠い対象が反射した光は,近い対象が反射した光より,より多くの大気を通過して,私たちの眼に到達する。そのために,図 5.14 に示すように遠い対象はかすんで,輪郭がぼやけて見える効果を生む。大気遠近法手がかりは,遠い対象に対してとくに有効であるが,霧などの気象条件によっては,比較的近い対象に対しても有効に機能する。

　画家が遠景を描くために遠くの対象を淡く描くことは,大気遠近法の視覚効果に従ったものである。遠い距離や気象条件が関連するために,3 次元環境において直接的な心理学実験による検証は難しい。ただしこの手がかりの効果は,対比効果と関係すると考えられている。背景と高い対比をもつ領域よりも,低い対比をもつ領域のほうが,遠くに知覚されることは,大気遠近法手がかりの視覚効果とよく似ている (O'Shea et al., 1994)。

7. 影と陰影

　図 5.15 には,へこんだ円と出っぱった円が見える。円図形の下側に明暗の勾配がある図形が出っぱって見えただろう。では,この本を逆さまにして,もう一度図形を観察してほしい。今度は,先ほどとはへこみと出っぱりの関係が

5.3 さまざまな手がかり

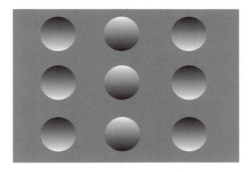

図 5.15　陰影手がかり

異なって見えるだろう。この例は，奥行きの手がかりとして，**陰影**（shadow, shading）が重要な役割を果たすことを示す。

　なぜ，このように奥行きが反転するのだろうか。私たちの活動する環境は，ほとんどの場面で光が上からくる。屋外での太陽，屋内での照明は，上からの光である。この経験は，生まれてから変化することがない。このような経験に基づいて，脳は光が上からやってくると仮定して，奥行きを計算する。図5.15 において，明暗の勾配のうち，明るい部分は上から光が当たった部分と仮定される。そのために，本を逆さにして見ると，奥行きが反転して見えるのである。

　図 5.16 も，視覚における**影**（キャスト・シャドウ：cast shadow）の重要性を示す例である。右図と左図とでは，円の位置が異なって見える。しかし異なるのは影の位置だけで，円の位置は左右ともに同じである。この例は，影が対象の距離の知覚に影響を与えることを示している。影が対象の知覚に影響を与えるのは静止対象ばかりではない。ケルステンらの実験では，影の運動が対象の運動軌跡を決定することを示した（Kersten, D. et al., 1997）[注]。ケルステンらによれば，「光源は上にあることを仮定するとともに，光源は動かない」ことを仮定することによって，脳はより効率よく影から物体の運動を推測すると

[注]　この実験刺激のデモンストレーションは，いろいろなインターネット・サイトで閲覧できる。わかりやすいデモンストレーションとしては，NTT コミュニケーション科学基礎研究所による「イリュージョンフォーラム」がある。

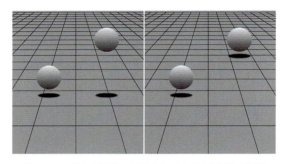

図 5.16　対象の距離や位置の知覚に及ぼす影の効果

いう。

8. 運動視差

　電車で窓の外を眺めると，電車から近い対象は素速く遠ざかり，遠い対象はゆっくりとついてくるように見える。これは，移動する電車に乗ることで，網膜に投影される像に，継時的な位置の変化が生じることによる。異なる距離にある対象を見るとき，対象または観察者が運動（移動）すると，網膜に投影される対象の速度に差が生じる。この手がかりを運動視差（motion parallax）という。運動視差は単眼手がかりである。近距離でも効果があるが，遠方で動くものを見るときに，とくに有効な手がかりである。絵画上には描くことができないので絵画的手がかりとはよばれないが，アニメーションでは頻繁に利用されている。

　運動視差は対象が運動する場合を対象運動視差（図 5.17），観察者が運動（移動）する場合を観察者運動視差（図 5.18）とよんで区別する。ここでは，対象運動視差を例として，もう少し詳しく運動視差を見てみよう。図 5.17 は，観察者から異なる距離にある2つの対象 V_1 と V_2 が，同じ物理的速度で左から右に動いている。これを静止した観察者が見ているときの網膜像の様子が示されている。遠くを運動する対象（V_1）に比べて，近くを運動する対象（V_2）を見ているとき，網膜上の位置，すなわち v_1 に比べて v_2 のほうが一層大きく変化する。2つの対象が同じ時間だけ運動するならば，近い対象は遠い対象よりも速く見える。

　観察者が移動する場合でも，対象までの距離と，網膜上の変化の関係は同じ

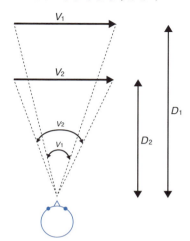

図 5.17 対象運動視差
V_1 の網膜上の変化が v_1 に対応し，V_2 は v_2 に対応する。D_1，D_2 は観察者から対象の距離を表す。

図 5.18 観察者運動視差の例

である。この網膜上での速さの違いが，奥行きのための強力な手がかりとなる。これまでの研究では，対象運動視差よりも観察者運動視差のほうが，奥行き知覚に対して一層有効であることが示されている。

運動視差は，単眼性の手がかりの中でもきわめて重要な手がかりである。海

外では単眼を失明した人でも,飛行機の運転免許を取得することができる国もある。単眼視者が利用する手がかりは運動視差ばかりではないが,飛行機のように地上からの距離が大変に遠い場合でも,運動視差は奥行きの手がかりとして有効である。

5.3.4 手がかりの統合

多くの手がかりは,単独で働いているのではない。さまざまな視覚現象に対応するために,多くの手がかりが結びついて働いている。では,それらの手がかりはどのように結びついているのだろうか。このことに関しては数多くの実験が行われ,さまざまな理論が提案されている(詳細は塩入(2000)を参照)。ここでは,ブルーノとカッティング(Bruno, N., & Cutting, J. E., 1988)による実験を紹介しよう。彼らの実験では,図 5.19 (a) に示すように,相対的大きさ,相対的高さ,重なり,運動視差の4つの単眼性の手がかりを使用した。

これらの手がかりを単独で,もしくは組み合わせて提示し,観察者は四角形間の相対距離を判断した。その結果,図 5.19 (b) に示すように,提示された手がかりの数が増えるとともに,判断された相対距離も増えることが示された。しかも相対距離は,手がかりの数とともにほぼ直線的に増加している。これら

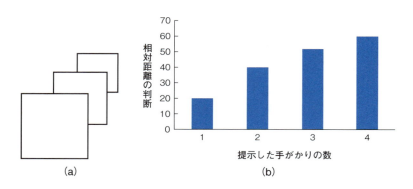

図 5.19 手がかりの統合の実験例(Bruno & Cutting, 1988 を一部改変)
(a) 実験刺激例。図は相対的大きさ,相対的高さ,重なりの3つの手がかりの組合せの例。(b) 実験結果。縦軸の値が大きいほど,対象間の奥行きが大きく判断されたことを意味する。

5.3 さまざまな手がかり

の結果からブルーノとカッティングは，相対距離知覚のために，手がかりは加算的に統合されていると結論した。

トピック 5.4　大　地　説

　ギブソン（Gibson, J. J.；1904-1979）は，人間が活動する上での大地（ground）の役割を重視した（Gibson, 1950, 1966, 1979）。人間は，多くの日常生活において，大地の上で活動している。人間が活動するのに必要な多くの物体，たとえば家や乗り物も，大地の上にある。人間が活動している状況，つまり外界を知覚している状況のほとんどで，人間の眼は大地よりも上にある。この大地と眼（と脳）の関係は，陸上で活動する人間以外の多くの動物にも当てはまる。人間を含めた多くの動物は，大地を歩いたり走ったりして，食べ物を獲得したり，遊んだりするのである。大地と眼の関係は，進化の過程において重要なものであったはずである。

　このような考えに基づいて，ギブソンは大地に含まれる情報の重要性を指摘した。ギブソンの理論の中で「肌理の勾配」は理論の特徴をよく示している。地面はさまざまな肌理で覆われている。観察者は地面からの情報に基づいて知覚する。ギブソンは，伝統的な知覚理論において，人間が知覚しているのは，あたかも単独で空中に浮かんでいる物体であるかのようだと論じた。ギブソンは，伝統的な理論を**空気説**（air theory）と名づけ，これに対比させて自らの理論を**大地説**（ground theory）とよんだ。図5.20 はギブソンによる大地説と空気説の違いである。

　ギブソンによれば，環境の中にあるさまざまな物体の知覚は，大地との関係を考える必要がある。大地は物体の背景となり，物体のさまざまな属性の知覚に有効な情報を与える。たとえば図 5.1 に示したように，敷石の上に白い 2 つの箱がある。2 つの箱はどちらも敷石 1 つを覆っている。観察者は，この情報を抽出することによって，2 つの箱は同じ大きさであると知覚する。ギブソンは，環境の中に存在し，他の条件が変化しても，変化しない情報を**不変項**（invariant）とよんだ。同じ大きさの対象が覆った敷石の数という情報は，観察者から対象までの距離が変化して，観察者の網膜像の大きさが変化しても，変化しない情報である。ギブソンによれば，敷石という肌理の情報が不変項となり大きさの恒常視が得られる。この理

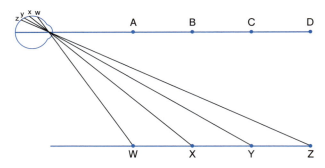

図 5.20　ギブソンによる肌理の勾配と相対距離知覚の関係（Gibson, 1950）
伝統的な理論は空中に浮いた A, B, C, D に対する観察者の知覚を論じているとギブソンは批判した。一方, 大地には情報が豊富に存在する。観察者は大地にある W, X, Y, Z の情報から, 相対距離を知覚できる。網膜上に投影される w, x, y, z は勾配を形成し, これが相対距離知覚のための手がかりとなるからである。

論では, 大きさ知覚と距離知覚は独立のものである。実際に, 肌理の勾配は大きさ知覚にとって有効な手がかりであることが示されている (Tozawa, 2010, 2012)。ギブソンによる大きさの恒常性の説明は, 伝統的な理論（本章の 5.4.3 を参照）とは異なった説明である。大きさの恒常性に限らず, ギブソンは他の知覚現象に対して独自の立場から説明を与えている。

　大地説（1950）は, 後に生態光学（ecological optics）, 直接知覚（direct perception）理論に発展した（詳細はギブソン（1986）を参照）。直接知覚理論には批判があるものの, 人間の知覚にとって大地が重要な役割を果たしていることは, 現在も多くの実験研究によって支持されている。

5.4　大きさ知覚

5.4.1　網膜像の大きさと視角

　サッカーボールが, 2 m 先にあるときと 4 m 先にあるときでは, そのボールを見ているときの網膜像の大きさは違っている（図 1.2 参照）。しかしボールが大きくなったり小さくなったりして, 見えるようなことはけっしてない。距離が倍になっても, 同じ大きさに見える。対象の客観的大きさが同じであれば, 距離が遠くなると網膜像の大きさは小さくなり, 近づくと大きくなる。網膜像

の大きさは測定が難しいために，視角（visual angle）という角度で代用して表す．視角とは，観察者（自分）の眼が対象に対して張る角度である．これは対象の大きさ（S）と距離（D）から，次式で近似的に計算できる．

$$\Theta = \frac{S}{D} \quad (\text{rad（radian；ラジアン）}) \tag{1}$$

$$= 57.3 \times \frac{S}{D} \quad (°\text{（degree；度）}) \tag{2}$$

サッカーボールの直径を 20 cm とすると，2 m 先にあるボールの視角は 5.73°，4 m 先にあると 2.865° である．距離が 2 倍遠くなれば，視角は半分になる．これは，私たちが見ている対象の大きさは，網膜に投影されたそのままの像を見ているのではないことを示している．

5.4.2 大きさの恒常性

自分から対象までの距離が変化すると，網膜像の大きさも変化する．しかし見ている大きさは，距離が変化しても劇的に変化することはなく，対象の実際の大きさに近いように見える．このような見え方を**大きさの恒常性**（size constancy）とよぶ．大きさの恒常性は，対象の距離変化にもかかわらず，対象の見かけの大きさがほぼ同じという現象である．

客観的に同じ大きさの対象が，さまざまな距離で提示されたとしよう．もしどの距離においても同じ大きさに見え続けたとしたら，その大きさ判断は図 5.21 の水平線のようになる．このように対象の客観的な大きさと知覚された大きさが一致する場合を，完全な大きさの恒常性とよぶ．一方，図 5.21 の破線は，知覚された大きさが，対象の視角（網膜像の大きさ）に一致する場合を示している．この場合，大きさの恒常の程度は皆無であり，これは視角の法則ともよばれる．大きさの恒常性は完全から皆無まで，その程度が変化する．また，図 5.21 に示すように，知覚された大きさが距離の増大にしたがって増大する場合もある．これを大きさの超恒常（over-constancy）とよぶ．

明るい場所で視野内に多くの対象があり，身体や頭を自由に動かせる状況での観察は，利用できる手がかりが豊富な状況である．このような状況では知覚

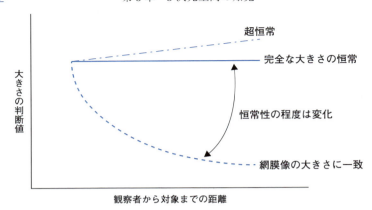

図 5.21 大きさの恒常性

された大きさは完全な大きさの恒常性に近づく。暗い場所や，高いビルの屋上で視野を遮るものが何もない状況での観察は，手がかりが乏しい状況である。このような状況では，知覚された大きさは視角の法則に近づく。日常の環境において，利用できる手がかりの状況によって大きさの恒常性の程度は変化しているのである。

恒常性は，明るさや色など（第 3 章参照）にも認められる知覚の重要な特性である。脳は，網膜像の情報を補正して，外界の本来の姿に近づけた知覚像を形成する。この知覚傾向を，**知覚恒常性**（perceptual constancy）とよぶ。知覚恒常性は，形，速さなどにも認められる。この本を左右に傾けても，奥行き方向に傾けても，長方形の形に見える。このとき網膜上に投影される形は，本の傾きとともに変化する。しかし網膜像の変化にもかかわらず，同じ形に見えることを**形の恒常性**（shape constancy）とよぶ。また時速 30 km の車を，50 m の距離から見ても 100 m の距離から見ても，車の速さはほぼ同じに見える。距離が変化すれば，動く対象を観察する際の網膜上の速さは変化する。しかし網膜像の変化にもかかわらず，同じ速さに見えることを**速さの恒常性**（velocity（or speed）constancy）とよぶ。知覚恒常性は，絶え間なく変化する網膜像を補正して，環境を安定的に知覚する能力である。この能力のために，私たちは環境に対し適応的に行動できるのである。

5.4.3 大きさの恒常性の理論

大きさの恒常性を説明する代表的な理論は，**大きさ・距離の不変仮説**（size-distance invariance hypothesis）（以下，不変仮説と略す）に基づいている。不変仮説は，先に紹介した対象の客観的な大きさ，客観的な距離，視角という三者の幾何学的関係が，人間の視覚においてもまったく同様にあてはまると考えるものである。つまり（1）式（p.131）での客観的大きさ（S）が見かけの大きさ（s'）になり，客観的距離（D）が見かけの距離（d'）になれば，それが不変仮説であり，視角 = s'/d' と表される。不変仮説によれば，視角が，見かけの距離に対する見かけの大きさの比率を決める。不変仮説と（1）式を合わせれば，見かけの距離に対する見かけの大きさの比率は，客観的な距離に対する客観的な大きさの比率によって決まることになる。さらにこの比率は，視角によって決まることになる。

ここで視角が同じで，見かけの大きさが変化する場合を考えてみよう。この例として，図 5.22 に示すように，**残像の大きさ**がある。テレビやコンピュータの画面をじっと見つめた後に，壁に目を移すと，残像が見えることがある。この残像は，近い壁だと小さく，遠い壁だと大きく見える。残像が生じているときの網膜像の大きさは一定なので，この残像の見かけの大きさの違いは，残像を投影している壁までの距離によって生じている。この残像の例は，網膜像の大きさが同じであれば，見かけの大きさは距離（知覚）に比例して変化する

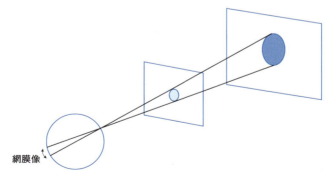

図 5.22 残像の大きさ

残像の大きさは，網膜像の大きさが同じでも，投影される面までの距離に従って，大きさが変化して見える。

ことを示す。

この例が示すように，大きさ知覚は距離を考慮に入れる（taking-into-account）ことによって決まる。この理論は**見かけの距離の斟酌理論**（taking-into-account theory）とよばれ，大きさの恒常性を説明する代表的な理論である。この理論では，まず手がかりが距離知覚を決定する。その後，距離を考慮に入れて（斟酌して）大きさ知覚が決まるという視覚情報処理を想定している。この理論は，距離知覚が正確なときに，大きさの恒常性も高いという実験事実とよく符合している。距離知覚が客観距離に近い状況（正確なとき）は，手がかりが豊富に利用できる状況である。つまりこの理論においては，大きさ知覚と距離知覚は独立なものではなく，手がかりが大きさを直接的に決めることはない。

先に述べた残像の大きさと距離の関係は，**エンメルトの法則**（Emmert's law）という。これはスイスの眼科医であり心理学者でもあったエンメルト（Emmert, E.；1844–1911）が，19世紀後半に残像の大きさに関する論文を発表して以降，著者の名前からこのようによばれている。斟酌理論とエンメルトの法則は，大きさ知覚は距離知覚から導かれるというおおまかな考え方は同じである。実際の対象の大きさの場合が斟酌理論，残像の大きさの場合がエンメルトの法則である。

5.5 錯　視

5.5.1 月の錯視

地平線近くにある月は，空高く昇る月に比べて大きく見える。しかし，月はどこに見えていても，その大きさは基本的には同じである。このことは，月を写真に撮ることで確かめることができる。写真に撮らなくても，図 5.23 に示すように，月の大きさに指を合わせてみれば，どこに見えていても同じ大きさであることがわかる。月の大きさが，高さによって違って見えるのは，天文学上の現象なのではなく，人間の視覚の効果による。この視覚効果を**月の錯視**（moon illusion）とよぶ。

5.5 錯視

(a)

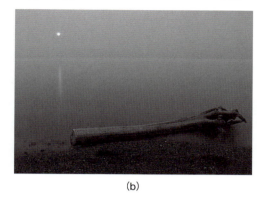
(b)

図 5.23　月の大きさ
(a) 月の大きさは，指で測るとどの高さでも同じことがわかる。(b) 写真は人間の見え方と違うので，月が地平線（水平線）近くにあっても大きく映らない。

　月の直径は約 3,436 km で，地球から月までの距離は約 38 万 km である。月が網膜に投影される大きさを視角で表せば，約 0.5° である。地球と月の距離は 1 年を通して変動するために，月の視角も変動する。しかし月の視角の変動はわずかなものであり，錯視の大きさを説明する重大な要因とは考えづらい。つまり月は，年間を通して，水平方向にあっても天頂方向にあっても，人間の眼に約 0.5° の投影像を与える。にもかかわらず，月の高さによって大きさが違って見えるのである。ロスとプラグ（Ross, H. E., & Plug, C., 2002）によれば，水平方向の月は，天頂方向の月と比べて約 1.5 倍大きく見えるという。幾何学的錯視の中でも錯視効果が大きいミュラー＝リヤー錯視（本章の 5.5.2 を参照）は，平均して 20% 程度の差を知覚する錯視である。月の錯視はミュラー＝リヤー錯視よりも大きな錯視効果を示す。

　月の錯視の研究は，ギリシャの哲学者アリストテレス（Aristotle, Aristotelēs；前 384–前 322）まで遡ることができ，長い研究の歴史をもつ。そのために，説明ができる要因として数多くの関連する要因が提案され，先の月の視角の変動も，説明の一つとして挙げられている。現在では，1 つの要因，1 つの理論によって月の錯視を説明することは難しいと考えられている。1 つの理論で 1 つの視覚現象を説明できないという見解は，月の錯視に限ったことでは

なく，他の多くの視覚現象にも当てはまることである。

月の錯視を，3次元空間における大きさ知覚と考えれば，先に紹介した見かけの距離の斟酌理論で説明ができるはずである。斟酌理論においては，視角が一定であれば，大きさ知覚を決定するのは距離知覚であり，遠くに見える対象が大きく知覚され，近くに見える対象が小さく見えるはずである。月の大きさに関して，天頂方向よりも水平方向のほうが大きく見えるのだから，斟酌理論に従えば，距離に関しては，天頂方向の月よりも，水平方向の月のほうが遠くに見える必要がある。果たして，実際にそのように見えるだろうか？　関心のある人は，あくまで記憶上の比較になるが，水平方向と天頂方向の月までの距離を比較してみるとよいだろう。素朴な観察では，水平方向の月は近くに見えて，大きく見えると感じるだろう。このような見え方は，月の錯視は，斟酌理論だけでは説明が難しいことを示している。これを解決するために，ロックとカウフマン（Rock, I., & Kaufman, L., 1962）は，水平方向には天頂方向に比べて介在物が数多くあることを指摘している。彼らは，介在物の影響で距離知覚が明確になり，水平方向の月までの距離が天頂方向よりも，より遠くに見えると説明している。

5.5.2　幾何学的錯視

図 5.24 に示す図形は，**幾何学的錯視**（geometrical visual illusion）とよばれる図形である。たとえば (a) の図形は，矢羽が内側に向いている水平線（内向図形とよぶ）よりも，外側に向いている水平線（外向図形とよぶ）のほうが長く見える。ものさしで測るとわかるように，どちらの水平線も同じ長さである。この図形はミュラー゠リヤー錯視とよばれる。図 5.24 の図形は，線や円の物理的長さや物理的大きさ，もしくは角度や方位が同じである。にもかかわらず，人間の眼には違った形に見える。これらの図形は，線や円などの単純な幾何学図形を使って作られていることから，幾何学的錯視とよばれる。それぞれの図形の名前は，主に図形の発見者の名前がつけられている。

図 5.24（b）で，逆V字の上下に提示された水平線の物理的長さは同じである。しかし，下の水平線のほうが，上よりも短く見える。これをポンゾ錯視と

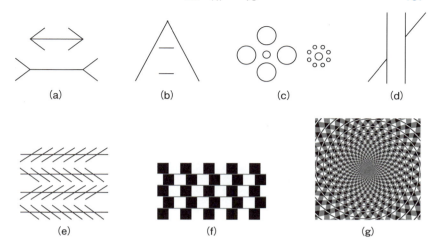

図 5.24 代表的な幾何学的錯視
(g) の図形は立命館大学北岡明佳教授の作品である。

いう．(c) で，大きい円に囲まれた中央の円に比べて，小さい円に囲まれた中央の円のほうが大きく見えるが，中央の円はどちらも同じ大きさである．これをエビングハウス錯視という（ティチナー錯視とよばれることもある）．(d) では，平行線に遮断された斜線は，実際には直線である．しかし上の斜線は，上側にずれて見え，直線には見えない．これをポッゲンドルフ錯視という．(e) は，平行線に短い斜線を交差させると，平行線が平行に見えない．これをツェルナー錯視という．(f) のように，カフェの壁には白と灰のタイルが並んでいることがある．タイルの目地部分は，実際には水平であるが，水平には見えない．これはカフェウォール錯視とよばれている (Gregory & Heard, 1979)．(g) では，中心に向かう渦巻きが見える．しかし指でなぞればわかるように，図形に渦巻きは存在せず，物理的には同心円である．これをフレーザーの渦巻き錯視という．

　これらの錯視のうち，ミュラー=リヤー，ポンゾ，エビングハウス錯視は，線の長さや円の大きさが実際とは違って見えることから大きさの錯視と考えられる．ポッゲンドルフ，ツェルナー，カフェウォール錯視は，線の傾き（方

図 5.25　グレゴリーによるミュラー=リヤー錯視の説明（Gregory, 1968b）
建物の引っこみ（左）と出っぱり（右）。

位）が実際とは違って見えることから，方位の錯視と考えることができる。

　錯視を説明する理論はさまざまある。たとえばミュラー=リヤー錯視を説明する理論として代表的なものに，遠近法説がある。この理論は，2 次元的に描かれた線や円に，遠い・近いという奥行きを感じることが，大きさの歪みを生むと考える。この説の代表的な論者であるグレゴリー（Gregory, R. L.）によれば，通常の 3 次元環境の知覚で生じる「大きさの恒常性」が，ミュラー=リヤー錯視のような 2 次元面の図形に対して「誤って」適用されることによって，錯視が生じるという（Gregory, 1998，詳しくは Gregory, 1963, 1968a, b を参照）。大きさの恒常性では，同じ大きさの対象であれば，遠い対象を大きく，近い対象を小さく知覚するメカニズムが働く。図 5.25 のように，ミュラー=リヤー錯視の矢羽の向きの違いは，通常の空間では建物の角に対応し，外向きの矢羽は建物の引っこみに，内向きの矢羽は出っぱりにあたる。この関係が，紙に描かれたミュラー=リヤー図形にも不適切に適用されることが，物理的に同じ長さの線が異なった長さに見える原因になっていると説明する。

　この理論はミュラー=リヤー錯視ばかりでなく，ポンゾ錯視にも適用できる。たとえば図 5.8 の線遠近の図に，物理的に同じ長さの地平線を上下に描いたとしよう。ポンゾ錯視の逆 V 字は，3 次元空間の知覚での線遠近手がかりを，2

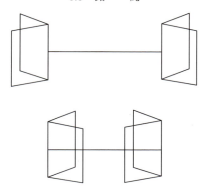

図 5.26 ニジャワンの実験で使用された図形
矢羽は透明なアクリルガラスで作られている。

次元面に投影したものとみなすことができる。先と同様に，遠い対象を大きく，近い対象を小さく知覚するメカニズムが働いて，下線のほうが短く見えるという錯視が生じると説明される。

　この理論に対しては，実験的証拠に基づいた批判も多くある。たとえばニジャワン（Nijhawan, R., 1991）は，図 5.26 に示すように透明な素材を使ってミュラー=リヤー・パターンを 3 次元的に提示した。2 つの立体パターンは上下に同じ距離に提示されていた。遠近法説に基づけば，2 対象の距離が同じであれば錯視は生じないことが予測できる。しかしながら，この実験結果において，2 次元のミュラー=リヤー図形と同じ方向の錯視効果——つまり外側に向いているほうよりも，内側に向いているほうの水平線が短く見える——が認められた。

　さまざまな批判はあるものの，グレゴリーの考え方は，脳は「仮定」を使って視覚情報の計算を行っているということができる。グレゴリーによれば，3 次元空間における大きさと距離の仮定が通常に働けば大きさの恒常性を導く。2 次元の線画に誤って適用されると，錯視が生じるである。脳の「仮定」の考え方は，グレゴリーばかりではなく，錯視以外の視覚現象を説明する多くの理論に同様に認められるものである。

トピック 5.5　エームズの歪んだ部屋

図 5.27（a）の部屋は，長方形の窓がある四角い部屋に見える。左隅と右隅の女性の身長は，右は大きく，左は小さく見える。しかし実際には，女性の身長は左右とも同じ大きさである。このような錯視は，なぜ生じるのだろうか。

これは，発表者の名前をつけて，**エームズの歪んだ部屋**（Ames distorted room）とよばれている。この部屋は実際には，図 5.27（b）に示すように，左側の壁や窓の大きさが，右側の倍の大きさである。実際の部屋の形は，左奥に長い台形の部屋であり，左の人物は右の倍の距離に立っている。この部屋をのぞき穴による特定の視点から単眼で観察すると，台形ではなく，四角形の部屋と同じ網膜像になるように設計されている。図には，静止した人物が描かれているが，このように設計された部屋を，1人の人物が歩いて右から左に移動する様子を特定の視点から観察すると，同じ人物とわかっていても身長が小さくなるように見える。

エームズの部屋は，私たちの視覚についてさまざまな示唆を与えてくれる。単眼で四角く見えていた部屋にひとたび人を配置したとき，脳は「部屋は四角い」という解釈と「人の身長は伸びたり縮んだりしない」という解釈と，どちらでも採用できるはずである。しかし，脳は四角い部屋の解

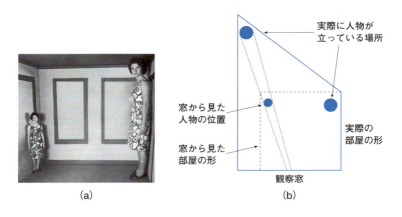

図 5.27　エームズの部屋（(a)：Gregory, 1998）
(a) 女性の身長は左か右の位置でまったく違って見える。(b) エームズの部屋の仕組み。

釈を取り続ける。たとえば，観察者が単眼で特定ののぞき穴ではなく，部屋を両眼で見たり，頭を振って見たらどのように見えるのだろうか。このような見方は，形や大きさの知覚のために重要な役割を果たす両眼視差や運動視差の手がかりを利用していることになる。ある実験によれば，手がかりを利用できる状況において，多少大きさ（身長）の錯視量は減るものの，四角い部屋の解釈は維持されるという（Gehringer & Engel, 1986）。つまり北岡（2011）の指摘するように，人の身長は伸びたり縮んだりしないという大きさの恒常性よりも，部屋は四角いという形の恒常性が勝るのである。

●練習問題

1. 絵画的手がかりについてまとめてみよう。自分のいる環境において，どのような絵画的手がかりを利用して奥行きを見ているのかを考えてみよう。また，これらの手がかりが有効に働くために，脳のとっている仮定についても考えてみよう。
2. 自分の身近にある物を見ているときの，網膜像の大きさについて考えてみよう。自分からの距離と，物の大きさ（長さや直径）から，網膜像の大きさを計算してみよう。視角を計算する際には，距離と大きさの単位を同じにすることに注意しよう。
3. 大きさの恒常性と形の恒常性についてまとめてみよう。日常経験している，これらの恒常性の具体例を考えてみよう。

●参考図書

北岡明佳（2010）．錯視入門　朝倉書店

　錯視研究の第一人者であり，錯視芸術家としても知られる著者による錯視入門書である。さまざまな錯視の紹介とともに，視覚現象の紹介も豊富にある。著者による作品を見るだけでも楽しい。紹介される現象や，文章の内容には専門知識を必要とするものもあるものの，錯視だけではなく，人間の視覚に関心のある人にとって優れた入門書である。

グレゴリー，R. L.　近藤倫明・中溝幸夫・三浦佳世（訳）（2001）．脳と視覚――グレゴリーの視覚心理学――　ブレーン出版

　視覚全般について，グレゴリーの理論を下敷きに概説している。自身のものを含めて，視覚デモンストレーションも豊富に掲載されている。取り上げられている問題はけっしてやさしい問題ではないが，文章は平易な言葉で読みやすく書かれている。人間の視覚全般に関心のある人にとって優れた入門書である。

6

運動知覚

　環境内において，私たちは常にさまざまな形で動いており，それと同時に視対象も動いている場合が多い。このことは私たちの視覚環境は常に動きを伴っていることを示すものであり，そのような環境内で適応的に行動するためには運動知覚が重要な視覚機能の一つとなる。本章では，視覚系の運動処理メカニズムについて解説する。とくに第1次視覚野（V1）における局所運動処理がMT野（V5）において統合され，MT野が対象全体の運動知覚に大きく寄与していることは重要な点である。また日常の視覚経験においては，実際運動だけではなく，テレビや映画のような仮現運動に接することも多い。条件設定によっては，仮現運動はほぼ実際運動と同じ知覚体験を得られる場合もあるが，仮現運動に特有な運動が知覚されることも多い。

　3次元の環境内で活動する私たちにとって，他の対象の動きを正確に，しかも素速く知覚することは生死に関わる重要な機能である。捕食者や敵から身を守るためにはその動きをできるだけ速く知覚する必要があるし，車の運転においては，他の車や人の動きを素速く知覚することによって重大な危機を回避することができる。

　通常の環境内で私たちが知覚する動きは，たとえば人が自分の眼の前を横切るなど，動きの連続として観察されるが，映画などは1秒間に24フレームの静止画像が間欠的に提示されているのであるが，その中の人物や物体の動きは通常の動きとほとんど変わることなく知覚される。心理学においては，前者を実際運動，後者を仮現運動とよび，それぞれ研究がなされてきた。ここではそれぞれについて概観していくこととする。

6.1　実際運動

　聴覚の可聴範囲（空気の振動のうち，実際に音として聞くことができる周波数の範囲；20 Hz～15 kHz）や可視光線のように，私たちの知覚機能の限界によって物理的な運動のすべてが知覚されるわけではない。動きが遅すぎると運動そのものは知覚されず，ある一定時間間隔をおいた位置の変化を知覚できるにすぎないし，「目にも止まらぬ速さ」という表現があるように，速すぎると私たちの知覚能力ではその動きをとらえることはできない。通常の環境内で私たちが知覚する動きを**実際運動**（real motion）とよぶ。

6.1.1　運動閾

　運動閾（motion threshold）は運動を知覚できる最小限の値で，ある一定時間内の位置変化の検知を指標とした**運動距離閾**（threshold of moving distance）（視角 8～20″（秒））と運動速度の検知を指標とした**運動速度閾**（threshold of moving velocity）（不均等な背景において 1～2 分/秒）があるが，基本的に両者間の違いはない。

6.1.2　運動刺激頂

　これ以上速くなると運動が知覚されなくなるという速さを**運動刺激頂**（terminal velocity）（50 度/秒）という。プロ野球の投手が投じた 160 km/h のボールを内野スタンドの 100 m 離れた場所から見たとするとその角速度は約 25.18 度/秒であり，十分にヒトの眼で運動を知覚できる速度といえる。しかしカウフマンら（Kaufman, L. et al., 1971）は，小さなものであれば 8～10 度/秒を越えると，点が筋を引くように見えると報告している。実際私たちには球速 160 km/h のボールは筋を引いて飛んでいるように見える。

6.2　運動の検出

　網膜神経節細胞および外側膝状体の細胞は方位および方向選択性をもたない

6.2 運動の検出

細胞群である。第 1 次視覚野（V1）には局所的な方向選択性をもつ細胞が存在し，V5（MT野）の細胞がV1の反応を総合して全体的運動知覚に寄与しているといわれている。では方向選択性をもたない網膜や外側膝状体の細胞群はどのようにして運動を検出し，その情報をV1へ伝達しているのであろうか？　以下に運動検出に関する一般的なモデルを示す（Borst & Egelhaaf, 1989）。

ある対象が左（A）から右（B）に動き，それを眼球で追視しない場合，網膜上のAの位置に対応した細胞が反応し，その次にBの位置に対応した細胞が反応する。ただこれだけであれば，単にそれぞれの細胞が反応しただけとなり，運動を検出することにはならない。そこで，Bの位置に対応した細胞が反応したときに，Aの細胞の反応との間の時間的ずれを計算して運動を検出するメカニズムが必要になる。それを示したものが図 6.1 の (a) で，Bの位置に達したときのAの細胞の反応の遅れを計算して運動方向および運動速度を検出するというものである。さらに反対方向へ動く複数の信号が生じたときは，それらの差を求めて全体の運動方向および速度を検出する。たとえば，眼球を回転して対象を追視する場合，対象の動きと背景の動きが反対方向になるが，

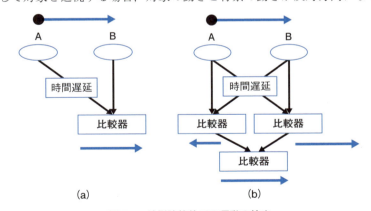

図 6.1　外側膝状体での運動の検出
(a) は眼球を固定したときの運動の検出。対象が左から右に移動して，視覚像が受容野AからBに移動したとすると受容野Bに対応する細胞の信号が届いたときにAからの信号が遅れて到達し，その遅れを比較して運動を検出する機構を示す。(b) は追跡眼球運動等によって，背景など反対方向への運動が起きた場合，2つの比較器の反応を比較する上位の比較器によって運動を検出する機構を示す。

この場合，両方の動きを統合することによって対象の動きを検出することが可能になる。ただしその場合は図 6.1 の (b) のように複数の動きを統合する検出器が必要となる。

6.3　V 1 以降の運動検出モデル

1980 年代，ブラディック（Braddick, O., 1974）によって提唱された運動知覚の二分法，すなわち近傍運動（short range motion）と遠隔運動（long range motion）に関する研究が進められた。ブラディックはランダム・ドットを背景としてランダム・ドット図形を仮現運動させた場合，運動が知覚される最大の移動距離（Dmax）は視角 15′ という非常に小さなもので，それ以上の距離を移動した場合は運動が知覚されないとしてこれを近傍運動とよんだ。そして Dmax を越える空間的距離間の仮現運動は遠隔運動として処理され，両者の処理系が異なるとした。そして，近傍運動の処理システムが実際運動の処理を担い，遠隔運動の処理系は仮現運動の処理を担っているとした。

　しかしその後，キャバナーとマーサー（Cavanagh, P., & Mather, G., 1989）は近傍運動と遠隔運動の間に違いはなく，むしろ 1 次運動（first order motion）と 2 次運動（second order motion）に分類することを提唱し，現在では主にこの分類に沿った研究が進められている。キャバナーとマーサーによると 1 次運動は背景とは輝度が異なる面が運動するときに知覚される運動で，実際運動においても，仮現運動においても認められるものである。それに対して 2 次運動では，背景との間で輝度差によって区別される面の運動ではなく，肌理の変化や色相の変化が位置変化を伴って生じる場合に知覚される運動現象である。図 6.2 は，ランダム・ドット図形の一部のテクスチャーのみが時空間上を連続的に変化した際に知覚される運動現象の模式図である。図 6.2 の左端の列（1）が次の 2 において白黒パターンが反転し，次の 3 では 2 列目，4 では 3 列目と，次々に左から右へ 1 列ずつ，仮現運動が生じる時間間隔（たとえば 40 ms）で反転するという刺激事態を示している（Mather, 2009）。各列の白黒パターンの割合が同じであるために，パターンが反転しても，その列の平

6.3 V1以降の運動検出モデル

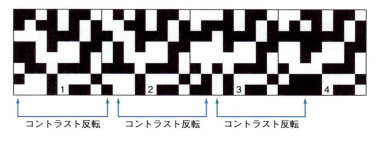

図 6.2 2次運動の例 (Mather, 2009)
左の1のランダム・ドット図形の左端の白黒パターンが2の図形では反転しており,次に2列目,3列目とパターンの反転が続くとき,輝度差によって背景と区別されるパターンが運動(1次運動)するわけではないが,左から右への運動が知覚される。

均輝度は変わらず,しかも同じパターンの列が位置を変えるわけではないので,面の移動が知覚されることもない。それにも関わらず,このような条件下では左から右への運動が知覚される。このように,運動する対象の面が特定されないときに知覚される運動を2次運動とよぶ。通常私たちが日常生活において知覚する運動のほとんどが1次運動であり,2次運動は特殊な状況において知覚される運動といえる。

キャバナーとマーサーの研究以降,この分類に沿って,1次運動と2次運動の処理プロセスに関する研究が多くなされてきた。

6.3.1 1次運動の線形フィルタリングによる時空間勾配検出モデル

たとえば,平面上を正方形が等速で左から右へ移動しているとしよう。ある時点で正方形はa地点にあり,一定時間後にb地点に移動し,その後次々と時間の経過に伴って位置を変えていく。このような事態における正方形の空間的位置と時間との関係を図示したものが図6.3 (a) である。この場合,正方形の位置変化によって描かれる線分の勾配がその速度を表しており,もし正方形が静止していれば垂直になり,速度が速ければ速いほど水平に近づくことになる。そしてこの角度のフィルターをもち,それを通して対象の運動を知覚する機構がV1に存在することが示されている(線形フィルタリング;linear filtering)。すなわち,V1の細胞にはそれぞれの運動速度(勾配)に反応する細

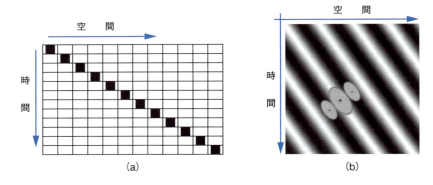

図 6.3 Ｖ１における運動検出フィルタ
(a) は横軸に空間軸，縦軸に時間軸をとって，■の左から右への運動をプロットしたもので，その勾配が速度を表す。Ｖ１にはこの速度の勾配に対応した受容野をもつ運動検出細胞が存在し，(b) に示すように，該当する勾配に一致した速度に対して最大の反応を示す。

胞があり，それが反応することによって運動が知覚されると考えられている（**時空間勾配検出モデル**：spaciotemporal gradient detection model）。Ｖ１の細胞には on 領域と off 領域が隣り合っており，それは先に述べた線分の角度に反応する単純細胞と同様である。そしてその速度（勾配）に一致した受容野をもつ細胞が強く反応することによって局所運動の反応が生じ（**図 6.3 (b)**），それらが MT 野において統合され，運動面全体の動きが知覚されることになる。

しかし２次運動の場合，運動面と背景の間に輝度差がないため，受容野の on 領域と off 領域の反応がほぼ等しくなり，運動が検出されない。この場合，線形フィルタリング機構が働くことができないので，線形フィルターにかける前に，**非線形フィルター**（non linear filter）（整流など）を通すことによって検出するモデルなどが提唱されている。また片眼だけ２次運動に順応させた後，両眼に運動残効が認められることから，Ｖ１よりも高次なＶ２で２次運動処理が行われていることが示唆されている（Nishida et al., 1994）。さらにネコのＡ17（ヒトのＶ１に相当する領域）では，１次運動に反応する細胞は認められるが，２次運動に選択的に反応する細胞がほとんど認められない点，逆にネコのＡ18（ヒトのＶ２に相当する領域）では，半分以上の細胞が２次運動に選

択的に反応することが認められていることなどから，ヒトにおいても 2 次運動はV2において処理されていると考えられている。

> **トピック 6.1　特徴変化に依存した仮現運動とエネルギー変化に依存した仮現運動の知覚**
>
> 図 6.4 は，黒を背景として等間隔で環状に配置された〇が，1つずつ，仮現運動の最適時相よりも短い時間間隔で，反時計回りに順番に消えては現れる際に知覚される仮現運動を示したものである。局所的に見ると図 6.4 (a) では円環の上から右へ 3 番目の〇が消えており，次の図 6.4 (b) では 3 番目が現れて，4 番目が消えているため，4 番目から 3 番目への反時計回りの仮現運動が知覚される。しかし刺激間間隔（ISI）を短くするかあるいは周辺視で観察すると時計回りの運動が知覚される。ただしこの時計回りの運動においては運動している面およびその特徴を特定することはできず，明るさの変化による運動のみが知覚されるため，これは影の運動ともよばれる（Hayashi, 1990）。このとき反時計回りに 1 つずつ順次移動しているように知覚される仮現運動は移動している面およびその形態が特定されるために**特徴変化に依存した仮現運動**（feature-based motion；Smith, 1994）といえる。それに対して移動している面を特定できない影の運動は明るさの変化のみに依存して生じる仮現運動であるため，**エネルギー変化に依存した仮現運動**（energy-based motion）といえる。通常私たちが中心視で知覚する仮現運動は特徴変化による運動であるが，周辺視において何が動いたかはわからないものの，何かが動いたと感じることがある。これは明るさの変化が時空間的に生じたときに主に周辺視において

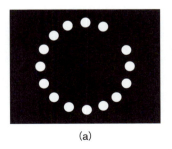 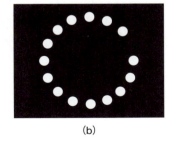

(a)　　　　　　　　　　　　　　(b)

図 6.4　林（Hayashi, 1990）の v 運動（影の運動）

観察される現象で，誰もが一度ならず経験したことがあるのではないだろうか。しかしこれは中心視においては観察されることが少ない現象であり，そのために林（Hayashi, 1990）はこれを新しい仮現運動あるいは v 運動（v-movement）として紹介している。通常中心視において観察される仮現運動は面の特徴の時空間的変化に依存したものが多いために，上記の現象の刺激条件に加えて上下左右の 4 カ所にたとえば青の○を白の○の代わりに提示すると，その特徴が明るさの変化による影の運動に捕捉されて青の○が円環運動しているという錯視が生じる（中村，2016；http://www.psy.ritsumei.ac.jp/~akitaoka/sakkon/sakkon 2016.html　参照）。

6.4　窓枠問題

Ｖ１における運動検出細胞の受容野は小さく，局所的な運動が検出されるだけである。そのために**窓枠問題**（aperture problem）が生じることから，Ｖ１では対象の全体運動知覚の前処理が行われていると考えられている。**図 6.5 (a)** に示す右斜め 45°の斜線によって構成される図形が下方向あるいは右方向に移動した場合，**図 6.5 (b)** に示された小さな受容野の窓を通して見ると，どちらも右斜め下方向へ移動しているように知覚され，全体の運動方向は知覚されない。そこで小さな受容野をもつＶ１細胞の反応群をより受容野が広い

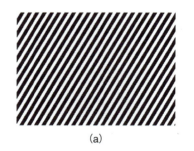
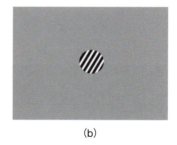

(a)　　　　　　　　　　　　　(b)

図 6.5　窓枠問題図

(a) のように斜め 45°の斜線によって構成される図形が右あるいは下へ運動する様子を丸窓を通して観察すると，どちらも右斜め下への運動が知覚されて，これらの運動を区別することはできない。

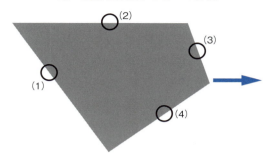

図 6.6　MT 野における局所運動の統合
窓枠問題同様，○で示された受容野をもつＶ１細胞の反応は（1）では右斜め上，（2）では運動は知覚されない。（3）は右斜め上，（4）右下への運動が知覚されることになる。

MT 野において統合することによって，全体運動を知覚していると考えられている。たとえば，図 6.6 に示す多角形が左から右に移動しているとしよう。○で表された各線分上のＶ１細胞が反応しているとして，それぞれの細胞の反応のみによって実際の運動方向を再現することはできない。たとえば（1）の細胞においては右斜め上への運動が知覚され，（2）では運動は知覚されない。（3）では（1）とは異なる角度の右上への運動が知覚されるし，（4）では右下への運動が知覚されることになる。すなわちＶ１レベルでは図形全体の左から右への運動が知覚されることはなく，MT 野でそれらの動きが統合され，全体運動が知覚される。

　ただし私たちの運動知覚は対象の運動だけによって構成されているわけではなく，自らも環境内を運動しており，自らの運動による視野周辺の運動についてはMT野では処理されておらず，これをも含めて運動全体を処理しているのがMST野であるといわれている。いわゆる，ギブソン（Gibson, 1979）の光学的流動（optical flow）の処理が行われて，実際の運動が知覚されることになる。

6.5　運動を知覚する２つの方法

　日常的環境下においては，私たち自身もさまざまな形で動いている。歩行な

どによる移動や，乗り物を使っての移動，あるいは頭部や眼球を回転して視野全体を見回すなど，いろいろな形で動いており，その都度網膜像は大なり小なり変化している。ではそのような状況において，私たちは，特定の対象の運動をどのように知覚しているのであろうか。すなわち，自分自身の動きによる網膜像の変化と視対象の運動による網膜像の変化をどのように区別しているのであろうか。

　自分自身が停止し，眼球も動かない状況（このような状況はまれではあるが）においては，背景となる視野像は静止しており，移動する特定の対象のみが網膜上を横切ることになるので，一定時間間隔における網膜上の位置変化によって対象の運動とその速度を知覚することが容易であることは理解できる。ではその移動対象を眼球運動によって追視した場合はどうであろうか。もし，追視が完璧ならば，対象の網膜上の位置は変わらず，逆に背景が網膜上を移動することになる。では，なぜこのような場合，背景が動いたとは知覚せず，対象の運動を知覚するのであろうか。ここでは，この点を説明する一般的な原理として，ヘルムホルツ（Helmholtz, H. L. F. von；1821-1894）の説を紹介する。

　すなわち図6.7に示すように，網膜上の対象の運動情報と，眼球運動を指示する大脳からの情報が眼筋と視覚処理系の両方に伝達され，それらが統合されて対象の運動を知覚するという説である。この考えによると，追跡眼球運動や首の回転による追視など，随意運動による網膜上の位置変化は大脳からの信号

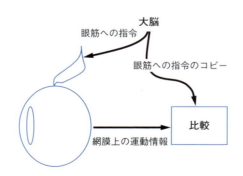

図6.7　大脳信号説
眼球運動を指示する大脳からの情報が眼筋と視覚処理系の両方に伝達され，網膜上の対象の動きと眼球運動による動きを識別するというヘルムホルツの説。

によって相殺され，視覚世界の運動としては知覚されない。しかし不随意的，強制的に眼球運動を引き起こすと視覚世界はそれに応じて動いて知覚される。たとえば，指先で眼球を軽く横に押してみると視覚世界は動いて知覚される。眼鏡をかけている人は眼鏡を左右に動かしてみると，簡単に視覚世界の動きを経験できるはずである。

では，なぜ大脳は追跡眼球運動のための眼筋への信号と同時にあるいはそれに先立って視覚系に同じ情報を送ることができるのであろうか。これには，視覚系における上丘を通る経路（網膜神経節細胞→**上丘**（superior colliculus）→**視床枕**（pulvinar）→頭頂）が関わっている。この経路は視覚的注意の方向づけを担っており，その結果として眼球運動に対しても重要な役割を果たしていると考えられている。すなわち上丘は大脳皮質を介すことなく眼球運動の制御に関与しており，上丘からの信号は眼筋へ伝達されると同時に大脳皮質へも伝達されて，大脳からの信号が同時に眼筋と視覚系に伝達されることによって私たちは背景の動きと追跡対象の動きを区別していると考えられるのである。

6.6 運動視の神経経路

4.3 で述べた通り，網膜上の神経節細胞と外側膝状体の細胞は on-off 中心周辺拮抗型の受容野をもつために単独で方向の処理を行うことはできない。視覚系において最初に運動および運動方向の処理を行うのは V1 であるが，この V1 では局所的な運動の処理をするだけで，それらの反応を統合した形で対象全体の運動を処理するのが MT 野（V5）の細胞群である。この点についてはウィリアムズとセクラー（Williams, D. W., & Sekuler, R., 1984）による全体的な運動研究によって明らかにされている。彼らは，図 6.8 に示すような相互にランダムな方向へ動く点群をある範囲内に示し，その全体がどの方向へ動いているように知覚されるかを調べた。その結果，まったくランダムな場合，全体の運動方向は定まらないが，10% ほどの点が特定の方向性をもって運動するときは全体の運動方向がそれに依存すること，また個々の点の運動方向がたとえば上方向 180° の範囲内でランダムな場合，上方向への全体的運動が知覚さ

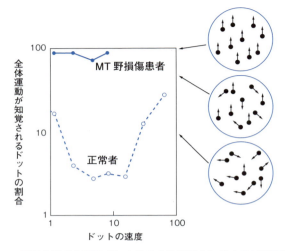

図 6.8 MT野損傷患者と正常者における全体運動を知覚する局所運動の割合
(Williams & Sekuler, 1984)
全体運動が知覚されるときの，円の中を同じ方向へ運動するドットの割合と速度の関係。
MT野損傷患者では，ほぼ100％が同じ方向へ運動しているときにのみ全体運度が知覚されることがわかる。

れることなどを報告している。この局所運動の統合に関して，丸く囲まれた領域における複数のドットの動きのうち，5％のドットが同じ方向に運動している場合にはそれが全体運動として知覚されることが健常者において認められている。逆にMT野に損傷のある患者の場合はほぼ100％のドットが同じ方向に動かない限り全体運動が知覚されないという報告もある。この結果ならびにこれまでの他の研究から，個々の点の運動方向は受容野が小さなV1（視角2°以内）の**局所的運動**（local motion）**検出器**によって検出され，**全体的な運動**（global motion）は受容野が比較的大きなMT野（視角20°以内）において処理されていることが理解できる（Tanaka et al., 1986）。さらに，観察者自身の環境内での動きによって生じた**光学的流動**（optical flow）や眼球運動による視野全体の運動を含めた運動全体の知覚には，広い受容野をもつMST（視角100°以内）が関与していることも知られている（Duffy & Wurtz, 1991a, 1991b）。

　MT野のほとんどの細胞は運動方向に対して選択的に反応するため，視対象

図 6.9　MT 野損傷患者の運動知覚（Zihl et al., 1983）
コーヒーをカップに注ぐとき，カップを満たしていくコーヒー面の運動が知覚されないために，あふれさせてしまう。

の全体的運動は主にこの視覚野で処理されているといわれている。たとえば，MT 野に損傷のある**患者 LM** の例（Zihl et al., 1983）は有名であり，運動している対象を見た場合，1 時点での画像としては知覚できるが，次に知覚された画像との間に時間的隔たりがあり，そのために運動そのものを知覚することができないという運動知覚障害がみられた。したがって，図 6.9 に示すように，コーヒーをカップに注ぐという行動において，カップ内の水位の変化を知覚できないために，あふれさせてしまうという結果になることや，近づいてくる自動車の，ある時点の画像は知覚できるが，同様に次に知覚できる画像までに時間的隔たりがあるので，自動車の接近を知覚できず，道路を横断することが困難であるということなどが報告されている。

6.7　MT 野の運動知覚と運動残効

　MT 野における運動知覚の機序を理解する上で**運動残効**（Motion After Effect：**MAE**）の有無を指標とすることが有効である。すなわち，全体的な運動に対して運動残効が生じるため，そしてこの運動残効には MT 野が関与していることから，運動残効が生じるか否かによって，その運動が，MT 野が関与する全体運動であるか否かの判断が可能になるからである。

　運動残効の例としては，アダムス（Addams, T. D., 1834）によって最初に

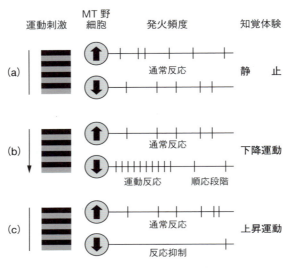

図 6.10　運動残効のメカニズム
(a) は刺激が停止している状態で，上方向運動と下方向運動にプリファレンスをもつ細胞どちらも通常の反応を示すだけである。(b) では刺激が下方向へ動き，下の細胞だけが反応している。途中から順応段階に入り，反応が低下している。(c) は刺激の停止直後の反応を示しており，下の細胞は反応抑制が生じ，上の細胞は通常の反応を示している。その結果，相対的に上方向の運動が知覚されることになる。

紹介された滝の錯視（waterfall illusion）がもっとも有名である。すなわち，私たちが滝の落流をしばらく眺めた後，周りの景色に目をやると景色全体が上方に昇っていくような現象を知覚する。このような運動残効現象は，図 6.10 に示すような MT 野の反応によって説明されている。先述したように MT 野のほとんどの細胞は運動方向選択性をもっている。通常，静止物体を見ている状況においてはほとんどの細胞が少しだけ発火するという状態が続いている（図 6.10 (a)）。この状況において下方への運動が知覚されると，下方向運動に選択性をもつ細胞の発火頻度が上昇する（図 6.10 (b)）。しかしその方向を見続けることによって当該細胞には順応が生じ，その発火頻度は減少する。その上で，下方向の運動が停止すると，通常の発火頻度よりもさらに減少する方向へ抑制が生じ，相対的に上方向運動に選択性をもつ細胞の通常の発火頻度のほうが上回り，その結果として上方への運動（運動残効）が知覚されることに

なる（図 6.10（c））．運動への反応が停止した際の当該細胞の発火頻度の抑制については，ウサギの神経節細胞（ヒトの MT 野と同等の働きをしている）を用いて実際の発火頻度を調べた実験によって確認されている（Barlow & Hill, 1963）．

またこの運動残効現象において重要な点は，反対方向への運動残効は生じるが，視対象の位置変化は知覚されない点である．このことは**運動検出**（motion detection）と**位置検出**（position detection）機能は相互に独立しており，MT野はあくまでも運動の検出機能を果たしているという点である．すなわち第 2 章図 2.10 に示したように，V 3 d から MT 野に至る経路は運動の検出に寄与しているが，位置の検出，すなわち空間内での対象の定位については V 3 d から V 3 A―PO（第 6 次視覚野 V 6）と PIP に投射する経路が担っていることがわかっている．

6.8 仮現運動

　工事中であることを知らせる工事灯や踏切の信号灯のように，隣り合うライトが交互に点滅するとき，単にそれぞれの点滅が知覚されるだけでなく，左右の往復運動が知覚されることもあれば，全体的に右あるいは左に運動しているように見えることもある．このように，点滅しているだけであるにもかかわらず，点滅に時間差があるときなどに知覚される運動を，実際運動とは異なるという意味を込めて**仮現運動**（apparent motion）とよんでいる．ただしこの仮現運動は，時間的空間的条件が適切であれば実際運動と質的な違いを感じることのない運動現象でもある．実際に，私たちが普段経験しているテレビや映画の映像はこの仮現運動を利用して作成されたものであり，そこにみられる運動は実際運動と質的に異なるものではない．映画を例にとれば，実際の人や物体の動きを 1 秒間に 24 フレームの静止画を撮影し，それらを間欠的に同じレートで提示しているだけである．ただしおよそ 42 ms の間それぞれの静止画を提示するのであるが，その間に 2 回シャッターで画像を遮蔽しており，そのため，1 秒間にそれぞれの画像が 2 回ずつ，合計 48 回の点滅を繰り返しながら

提示されている。シャッターによって画像を48回点滅させる理由は，点滅によって生じるちらつきの問題を解消するためである（吉村，2006）。ちなみに一般家庭で使われている蛍光灯は1秒間に50回点滅しているが，ほとんどちらつきを知覚することはない。

　この仮現運動は当初，ゲシュタルト心理学（gestalt psychology）のウェルトハイマー（Wertheimer, M., 1912）によって研究され，2つの刺激の空間的位置が離れているにもかかわらず，その間に運動が知覚されることからゲシュタルト知覚の証左として扱われた。ウェルトハイマーは空間的に距離をおいた2つの光点を交互に点滅させ，両者の間にもっともスムーズな運動が知覚される現象をφ現象（phi phenomenon；β運動）とよんだ。そして第1光点の点灯が終わって第2光点が点灯されるまでの刺激間時間間隔（Interstimulus Interval；ISI）が40〜200 msのときにφ現象が認められることから，この事態を最適時相（optimal stage）とよんだ。そして2点間の運動が知覚されなくなり，それぞれの光点が別々に継時的に点灯したように知覚される，ISIが200 ms以上の事態を継時時相（successive stage），逆に2つの刺激が同時に点灯しているように知覚される，ISIが40 ms以下の事態を同時時相（simultaneous stage）とよんだ。

　ここで問題となるのは，ウェルトハイマーが考えたように，第1光点が消えて第2光点が点灯するまでの間，物理的には提示されていない空間上に，運動対象が内的表象として知覚的に体験されているかどうかである。この点を明らかにした研究として，ヤンティスとナカマ（Yantis, S., & Nakama, T., 1998）の運動マスキング（motion masking）の研究を挙げることができる。彼らは仮現運動する2点の途中に文字を提示し，その識別に要する反応時間を測定した。その結果，仮現運動を知覚していない2つの刺激の間に文字刺激を提示したときに比べて，仮現運動を知覚している2つの刺激の途中に提示したときのほうが反応時間が長くなり，仮現運動が文字の識別に対してマスキング効果をもつことがわかった。すなわち，仮現運動を知覚している場合は運動する2つの刺激の途中に運動物体の内的表象が形成され，それが文字識別を阻害したと考えたのである。

6.9 コルテの法則

コルテ（Korte, A., 1915）はこのφ現象の生起に関与する条件として，刺激の強さ i（明度），ISI，第1刺激と第2刺激の空間距離 s を取り上げ，それら相互の関係を**コルテの法則**（Korte's law）として示した．

$$\phi = f\left(\frac{s}{i \cdot g}\right) \quad (g: 第1, 第2刺激の提示時間とISIの合計)$$

この式は，他の条件が一定のとき，滑らかな仮現運動（φ現象）を維持するために必要な条件を以下のような第1から第4法則として示したものである．

1. 刺激強度が増大した場合には最適空間距離も増大する必要がある（第1法則）．
2. ISI が増大した場合には刺激強度を減少する必要がある（第2法則）．
3. ISI が増大した場合には空間距離を増大する必要がある（第3法則）．
4. ISI が増大した場合には刺激提示時間を減少する必要がある（第4法則）．

その後，カーネマン（Kahneman, D., 1967）およびカーネマンとウォルマン（Kahneman, D., & Wolman, R. W., 1970）は，刺激の提示時間が 100 ms 以下の場合，φ現象は，第1刺激の提示時間と ISI の合計，すなわち第1刺激の提示から第2刺激が提示されるまでの時間間隔（Stimulus Onset Asynchrony；**SOA**）に依存することを示した．このことを受けて上記コルテの法則も，ISI ではなく，最初から SOA を用いて表記されることが多い．実際に現在もっとも一般的に用いられている液晶ディスプレイにおいて ISI はほとんど 0 ms である．ISI＝0 ms の条件で，空間的に離れた2つの刺激を交互に点滅させる場合はウェルトハイマーの同時時相になってしまうが，一連の画像が連続的に提示される映画やテレビなどにおいては，ISI が 0 ms であっても運動知覚には何の支障もなく，SOA がより有効な指標であることが理解できる．

6.10 実際運動と仮現運動

上記のφ現象では，ほとんど実際運動と同じスムーズな運動が知覚されるが，

両者は同じものと考えてよいのであろうか。

　運動の知覚であるか，高次な処理による運動の認知であるかを区別する一つの基準として，運動残効が生じるか否かが挙げられるが，アンスティスとモウルデン（Anstis, S. M., & Moulden, B. P., 1970）は，実際運動および仮現運動のどちらにも運動残効が生じることから両者には違いがないとしている。この点について西田と蘆田（Nishida, S., & Ashida, H., 2000）は，点滅して運動方向が曖昧な刺激を用いたフリッカー運動残効（flicker motion after effect）を用いて調べているが，その結果，低次な運動残効と高次な運動残効があることを指摘している。

　図6.11はニューサムら（Newsome, W. T. et al., 1986）の実験結果をマーサー（Mather, 2009）がまとめ直したものである。ニューサムらはヒトに仮現運動が生じる条件として，第1刺激と第2刺激のフラッシュライトの空間的距離と速度（deg/sec）（2刺激の空間的距離と2刺激の時間間隔で除したもの）との関係について調べ，同じ条件におけるアカゲザル（rhesus monkey）の大脳皮質V1およびMTの反応との関係について検討した。その結果を空間距離と時間間隔との関係に変換して示したものが図6.11である。この図を詳しく

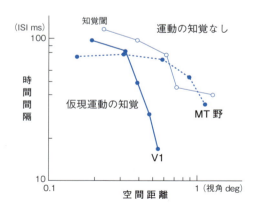

図6.11　刺激間時間間隔および空間間隔条件における仮現運動閾値曲線と同条件におけるアカゲザルのV1，MT野相当領域の反応
（Newsome et al., 1986；Mather, 2009）
知覚閾曲線の外側では仮現運動は知覚されないが，内側では知覚される。とくに空間距離が大きくなるとMT野の反応と知覚閾曲線が近似していることがわかる。

見ると，仮現運動が生じているにもかかわらず，V1が反応していない条件があることがわかる。それに対してMTが反応する条件はほぼ仮現運動が生じる条件と一致していることもわかる。すなわち，空間的位置変化が0.5°程度になると，ISIを20 ms以下にしなければV1が反応しないこと，そして空間的位置変化がそれを越えてしまうとV1が反応しなくなることもわかる。この結果は，V1の反応を介するものとそうでないものの2種類の仮現運動があることを示唆するものである。

6.11 仮現運動の特徴的性質

実際運動と仮現運動が同じ運動現象であるかどうかは，仮現運動の時間的・空間的条件に依存すると考えられるが，逆に提示条件に依存して仮現運動にのみ特徴的にみられる現象も多い。

6.11.1 形や大きさが変化する仮現運動

第1刺激と第2刺激の形や色，大きさ等が異なっても仮現運動は生じる。たとえば第1刺激が△で第2刺激が□であっても，それらが適切な条件で提示されるならば△から□への運動が知覚され，運動のプロセスでスムーズな形の変化が知覚されることも報告されている（Kolers & von Grunau, 1976）。

6.11.2 α 運 動

α 運動（alpha movement）とは，ミュラー=リヤー錯視図形（Müller-Lyer illusion）の矢羽の方向が内向きのものを第1刺激，外向きのものを第2刺激として反復提示すると，主線の伸縮運動が知覚される現象をいう。このとき，矢羽と主線分の接点を中心とした矢羽の立体的回転の仮現運動も知覚される（図6.12）。

6.11.3 γ 運 動

何もないところに突然対象が提示されると，それが出現するときは，全体が

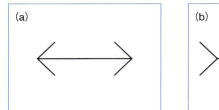 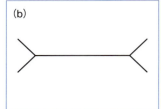

図 6.12 α 運 動
ミュラー＝リヤー錯視図形の (a) と (b) を交互に仮現運動の最適時相で提示すると，主線分の伸縮現象が知覚される．

ほぼ同時に提示されているにもかかわらず，膨張して拡大しながら出現するように知覚され，消失するときは収縮しながら消えるように知覚される．これをγ運動（gamma movement）とよぶ．これは単一刺激による仮現運動ともいえるが，刺激図形が提示される前に，どの位置に注意していたかに依存するものと考えられている．たとえば四角形を提示する場合，そのどれかの頂点近くに第1刺激として点刺激を提示し，次に四角形を提示すると，その点刺激から四角形が拡大しながら現れるように知覚される（Kanizsa, 1979）．またこれと同じ現象は，線運動錯視（illusory line motion）としても知られている（Hikosaka et al., 1993）．横線を提示する直前に，線分の左右どちらかの端に点を提示した場合，横線は先行刺激として提示された点から伸びて現れるように知覚されるという現象である．また線分の両端に先行刺激を提示した場合，両端から真ん中に向かって線分が現れるように知覚される．このことから，線分の提示直前に注視点がどこにあったかではなく，どこに注意を向けていたかに依存する現象であることが理解できる．すなわち注意が向けられていた位置近辺の視覚処理が促進され，線分の位置による処理速度の違いが生じ，それが運動検出器の機能を誘導し，一方から他方への運動が知覚されるものと考えられる．

6.11.4 パス誘導運動

通常の仮現運動においては第1刺激と第2刺激の最短距離を直線的に運動するように知覚されるが，両刺激のISIの間に，たとえば曲線を提示すると，そ

れに沿って運動するように知覚される（**パス誘導運動**（path guided motion））
（Shepard & Zare, 1983）。先に述べたように，仮現運動の ISI において両刺激間の動きが内的に表象されていると思われるが，このように，その内的表象に影響を与えるような誘導刺激を提示することによって内的表象そのものが変化することがある。

6.12　仮現運動における大きさ・形・まとまりの恒常現象

図 6.13 の a を第 1 刺激，b を第 2 刺激として提示した場合は，c のように平面上を右に移動する仮現運動が生じて，その一部が黒い衝立によって遮蔽されるように知覚される。しかし d→e のように衝立がない場合は，提示されている要素は同じであっても，f のような立体的に奥に向かう仮現運動が知覚される。これは対象の大きさを維持しようとする恒常性の機能が働くためであり，前者においては水平運動をしても，衝立の存在によって，それが阻害されることはないが，後者の場合は水平運動すると線分が短縮することになる。したがってこの場合は，大きさを維持するために，奥行き運動が知覚されることにな

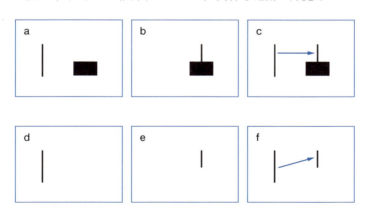

図 6.13　仮現運動における大きさの恒常性
a と b を交互に最適時相で提示すると，c のような縦線分の左右運動が知覚され，右に行ったときは線分の下部が■によって遮蔽されるように知覚される。■が削除された d と e の交互提示では，線分の長さを維持するために f のような奥行きのある仮現運動が知覚される。

る。

図 6.14 は**ターナス刺激**（Ternus display）とよばれるもので，第 1 刺激の 1 列に並んだ 3 つの光点 ABC が提示された後，第 2 刺激では BCD が提示され

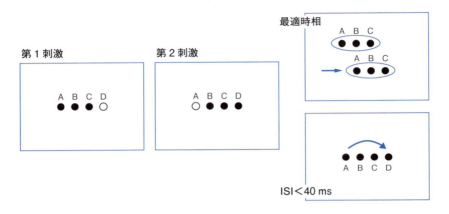

図 6.14　ターナス刺激
第 1 刺激では A, B, C が点灯して D は消灯，第 2 刺激では B, C, D が点灯して A が消灯するという 2 つの刺激を交互に提示する。最適時相においては 3 つの光点が 1 つにまとまり，全体の往復運動が知覚される。刺激間時間間隔（ISI）が 40 ms 以下の条件では真ん中の 2 つの光点は点滅するだけで，A と D の間だけの往復運動が知覚される。

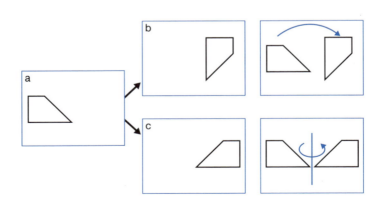

図 6.15　仮現運動における形のまとまり
第 1 刺激を a，第 2 刺激を b とした場合，その形を維持するために前額平行面上での 90°の回転運動が知覚される。c を第 2 刺激にすると，台形の右先端を通る垂線を軸とした立体的回転運動が知覚される。

6.12 仮現運動における大きさ・形・まとまりの恒常現象

る。この2つの刺激が反復提示された場合，光点BCは同じ位置で点滅しているだけで，AとDの位置だけが変わることから，両者間の仮現運動だけが生じることが期待されるが，実際には3つの光点全体が左右への全体運動をするように知覚される。しかし，ISIを40 ms程度に短くするとBCは点滅するだけで，AとDの間の仮現運動だけが生じるようになる。この現象は中心視において生じやすいが，その場合でも周辺視することによって全体運動が知覚されやすくなる。

　形としてのまとまりが十分に知覚された上で仮現運動が生じる場合，単純な水平運動が知覚されるだけでなく，その形を維持するような仮現運動が知覚される。たとえば，図6.15aを第1刺激として提示し，次に図6.15bあるいは図6.15cを第2刺激として提示したとき，前者では前額平行面上を90°回転しながらの水平運動が知覚される。しかし後者の場合，2つの刺激は垂直線を軸として左右対称の関係（鏡映的関係）にあるため，立体的な回転を伴う運動が知覚される。

●練習問題

1. 神経節細胞および外側膝状体での運動検出とV1での運動検出の違いについて考えてみよう．
2. 窓枠問題について，鉛筆と紙とハサミを使って自分で実験してみよう．
3. 図6.11は2種類の仮現運動があることを示唆するものであるが，この図をよく眺め，その意味するところについて考えてみよう．
4. 日常生活で経験する仮現運動，あるいは仮現運動を利用した現象を見つけ，そこで知覚される仮現運動について考えてみよう（たとえば，指先を前に出し，右眼と左眼で交互に見たとき，仮現運動は起きるであろうか）．

●参考図書

大山　正・鷲見成正（著）鷲見成正・五十嵐賢紘（DVD制作）鈴木清重（映像制作・素材提供）（2014）．見てわかる視覚心理学　新曜社

　視覚心理学には，実際に見ることによって理解が深まる知見が数多く存在するが，タイトル通り，本書にはさまざまな図が掲載されていると同時に，付録DVDには多くの運動現象の事例が収められており，視覚的体験を通して視覚心理学の知見を理解することができる．初学者向け．

川人光男・佐々木正人・三嶋博之・丹治　順・酒田英夫・村田　哲・藤田昌彦（1994）．岩波講座　認知科学4　運動　岩波書店

　運動視およびその生理学的基礎だけでなく身体運動との関連を含めて，運動に関する知見をさまざまな研究領域の第一人者が書き著しており，運動に関して幅広く学ぶことができる．中級者向け．

西田眞也（2007）．運動視　大山　正・今井省吾・和氣典二・菊地　正（編）新編感覚・知覚心理学ハンドブック Part 2　誠信書房

　本邦における運動視研究の第一人者が，1次運動と2次運動など，運動視に関する新しい知見および関連の研究論文を紹介している．本書では取り上げられなかった知見をこれによって補足してもらいたい．上級者向け．

7 事象知覚

　前章では運動知覚について述べたが，環境内で運動対象を知覚する場合，そこから得られる運動学的情報（たとえば位置の変化，速度，加速度など）だけを知覚することはまれであり，その運動を引き起こした力や，動いている対象間の関係を知覚することのほうが多い。これらの知覚現象を心理学では事象知覚とよんでいる。換言すれば運動知覚は対象運動の初期処理であり，それを基礎に高次な処理を行った結果知覚されるものが事象ということもできる。本章では，その代表的な現象，ヨハンソンの視覚的ベクトル分析，運動対象の力や意図の知覚，バイオロジカル・モーションなどについて解説する。

7.1 事象概念の定義

事象知覚研究は，ヨハンソン（Johansson, G., 1950）が最初にその語を用いて以来，現在では知覚研究の重要な領域として認識されるようになってきた。ヨハンソン（Johansson, 1985）は**事象知覚**（event perception）を以下のように定義している。「事象知覚とは，**遠刺激**における動き（distal motion），あるいは明るさと色の変化に起因する**光学配列**（optic array）の閾上変化によって即時かつ自動的に生じるものを意味する」。

またギブソン（Gibson, 1979 古崎ら訳 1985）は，「事象とは，化学的，物理的，生物物理的な物質，場所，対象の何らかの変化である」と定義し，事象を次の3つに大別して具体的に説明している。

1. 面の配置の変化

物理的力によって生じるもので，さらに対象の剛体移動と回転，対象の衝突，面の変形，面の分裂の4種類に分類される。

2. 面の色と肌理の変化

物質の組成の変化によって生じるもので，さらに植物の面（葉が緑色になるなど），動物の面（皮膚が色づくなど），大地の面（鉄が酸化して赤くなるなど）の3種類に分類される。

3. 面の存在の変化

物質の状態の変化によって生じるもので，たとえば，液体が気体になる場合や固体が液体になる場合，崩壊や集成などが含まれる。

この分類において心理学の研究対象とされている事象の多くは，第1の面の配置の変化，すなわち動きを伴うものである。ただし，ギブソンの面の配置の変化においては，時間的な範囲が比較的長いものも事象として研究の対象となる。しかし，ヨハンソンにとっての研究の対象となる事象は，その定義からもわかるように，その変化が記憶に頼ることなく瞬時に知覚される範囲に限定されている。

本書では，ヨハンソンの定義に従って事象知覚研究を紹介していくが，先述の定義における「光学配列の閾上変化」には，ダイナミックな光学的情報が含

まれていることを前提として考えていく。ダイナミックという概念は多義的であり，狭義には**力学的**（kinetic）と同義に用いられることもあれば，複数物体の空間的布置あるいは運動の相互作用を意味する場合もある。さらには社会的関係知覚を生じさせるような対人的相互作用を意味する場合もある。ここでは，主に面の配置の変化，すなわち運動を伴った対象あるいは対象間の関係の知覚，対象の運動がもつ力学的情報の抽出について解説する。

7.2 ヨハンソンの視覚的ベクトル分析理論

図7.1（a）に示すように，車輪のリム（車輪の輪の部分）上に光点を取りつけて暗室内でそれを転がすと，その動きは**サイクロイド**（cycloid）とよばれる軌跡を描く（図7.1（b））。ところが，その車輪のハブ（中心部）にも同様の光点をつけて回転させるとリム上の光点の運動軌跡はサイクロイドとはならず，ハブの周りを回転しながら全体が進行方向へ移動していくという現象

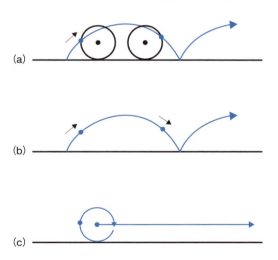

図7.1　ドゥンカーの回転車輪効果（rolling wheel effect）（Duncker, 1929/1955）
(a)のように車輪のリム上に光点を取りつけて暗室内で転がすと，(b)の軌跡の運動が知覚される。この軌跡をサイクロイドとよぶ。しかし，車輪中央のハブにも光点を設置して転がすと，(c)のようにハブを中心として回転しながら全体として右へ進む車輪が知覚される。（http://www.ipc.hokusei.ac.jp/~z00330/perception.html 参照）

(**回転車輪効果**；the rolling wheel effect)が知覚される(図7.1 (c))。この現象に対してヨハンソン(Johansson, 1973)はリム上の光点のサイクロイド軌跡は，ハブ上の光点と共通の水平運動と，それ独自の回転運動とが合成されたものであり，視覚システムはこの2つの成分(共通運動と相対運動)を分析する機能をもっていることを示して，さまざまな現象を紹介している。たとえば，図7.2 (a)は，上と下に光点が同期して平行移動しており，その2点の軌跡が形成する四角形の対角線上を，別の光点が水平方向の移動速度成分が同じになるように移動するという刺激事象である。このような3つの光点の動きを見ると，それぞれの動きに**共通する運動**(common motion)が1つとなり，残余の運動ベクトルが個々の対象の**相対運動**(relative motion)として知覚されることになる(図7.2 (c))。その結果，図7.2 (b)のように，3光点がまとまって左右に往復運動し，真ん中の光点は上下運動をしながら他の2光点と一緒に左右の運動をするように知覚される。

この**視覚的ベクトル分析理論**(visual vector analysis)の基本的な原理とし

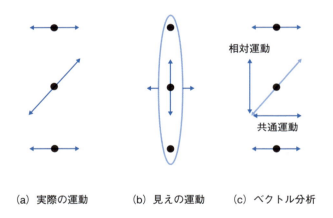

(a) 実際の運動　　(b) 見えの運動　　(c) ベクトル分析

図7.2　視覚的ベクトル分析の例
(a) 上下2点が左右に往復運動し，真ん中の1点はその動きに同期して斜めに往復運動している。(b) 現象としては，3点が一緒に左右往復運動をし，それと同時に真ん中の1点だけが上下運動もしているように知覚される。(c) に示すように，真ん中の点の動きは，3点に共通した左右往復運動と独自な上下運動(相対運動)にベクトル分析されて知覚される。

7.2 ヨハンソンの視覚的ベクトル分析理論

てヨハンソン（Johansson, 1974）は次の3点を挙げている。

1. 目の前の画面上で運動している要素は，相互に常に知覚的に関係づけられる。
2. 連続的に提示される近刺激における要素が同時に等しい運動をする場合は，自動的にそれらの要素を**剛体性**（rigidity）のある知覚単位として結合する。
3. 近刺激において運動している要素に関して，それらが同時に等しい運動ベクトル成分をもっているとき，個々の要素のベクトル成分は分離されて知覚されると同時に，共通のベクトル成分は1つのまとまった運動として知覚される。

ただし，2については，必ずしも剛体が知覚されるとは限らないとして，**曲折運動**（bending motion）が知覚される場合もあることを示している（Jansson & Johansson, 1973）。たとえば図7.3のように四角形の四隅のうち，1点だけが対角線に沿って移動するような場合は剛体の回転よりも曲折運動が知覚されることになる。ただしヤンソン（Jansson, G., 1994）は，曲折運動と剛体の回転運動とは知覚されやすさが階層的な関係にあり，剛体運動のほうがより知覚されやすいと述べている。

ヨハンソン（Johansson, 1985）は，運動知覚の基本的要素を**自己運動知覚**（self-motion perception）と**対象運動知覚**（object-motion perception）に分け

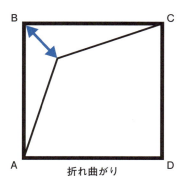

図7.3 ヤンソンとヨハンソンが，剛体運動だけではなく，折れ曲がりのような可塑性のある運動が生じる場合もあることを示すために用いた実験刺激
頂点BだけがDに向かって近づいたり遠ざかったりするが，この場合，正方形ABCDのACを軸とした折れ曲がり運動が知覚される。

て説明している。

1. 自己運動知覚

動物は，環境内を移動するだけではなく，頭部や上半身の揺れや回転など，常に環境に対して動いている。これをヨハンソンは自己運動とよんでいる。そして自己運動によって生じる近刺激においては網膜上に投影された映像全体が連続的な光学的流動として変化する。

2. 対象運動知覚

環境内においてはさまざまな物体や動物，あるいは人が動いており，観察者にとって局所的な流動パターンを形成し，その流動パターンは自己運動によって形成される流動パターンとミックスされて全体の流動パターンを形成する。したがって，自己運動によって形成された流動パターンはパースペクティブな投射をもつが，対象運動によって形成された局所的流動パターンはパースペクティブをもたない。

そして自己運動による流動パターンが対象運動に対する関係枠を形成する。したがって，私たちは，固定した関係枠ではなく，動いている関係枠をもち，その関係枠の動きを共通運動として，対象運動を相対運動としてそれぞれの運動ベクトル成分に分析する。たとえば，大きな壁の前を自動車の助手席に乗って移動しているときに，その壁の上からボールが落ちたとする。するとその網膜上での流動パターンは車の進行と落下する下への移動とが合成された斜め下へのものとなる。しかし私たちはそのボールが斜め下に落下していると知覚することはなく，垂直に落下していると知覚する。この場合，自動車に乗って動いている観察者にとっては自動車の進行に伴う流動パターンは自己運動であり，垂直に落下しているボールの局所的運動が対象運動となる。

ではどのようにして自己運動と対象運動とを分析することができるのであろうか。この点についてヨハンソンら（Johansson et al., 1980）は，網膜の周辺における運動が自己運動知覚に関与し，網膜中心部における運動が対象運動の知覚に関与していること，そして網膜周辺の運動知覚が**前庭感覚**（vestibular sensation）と強い神経学的結合にある（Dichgans & Brandt, 1978）ことを挙げて，上記の証左としている。

7.3 単一物体運動に対する意図性・生物性・力学的性質の知覚

ヨハンソンのいう相対運動における流動パターンは，単に**運動学的な性質**（kinematic property）をもつだけであるが，私たちがそれを観察したときに，位置の変化や速度，加速度などを知覚するだけではなく，力や重さなどの**力学的性質**（kinetic property），あるいは対人関係などの社会的性質も同時に知覚する。

プリマックとプリマック（Premack, D., & Premack, A. J., 1995）は，物体の動きに対する**意図性の知覚**は，自らの力で動くことができる「**動きの自動性**（self propelled motion）」と「**ゴールに向かった運動**（goal directed motion）」であることの組合せに依存していると述べている。ディトリッチとリー（Dittrich, W. H., & Lea, S. E. G., 1994）は，ゴール（ターゲット）が明確な場合は運動対象の意図性が認知されやすいのに対して，ゴールが見えない場合にはその意図性の認知が損なわれることを示している。しかし，動きそのものに意図性を知覚しなくても，物体の自動力や生物性が強く印象づけられるような動きも存在する。物体の動きを人間的な動きとしてとらえることができるならば，その動きの意図性の知覚は可能であるが，生物によってはその動きに対して私たち人間と同じ意図性を知覚できないものもある。すなわち単一物体運動に対する意図性の知覚はより高次な機能であり，**生物性や自動性の知覚**（perception of animacy and automaticity）はそれに比べてよりプリミティブで基本的な知覚と考えられる。

トレムレットとフェルドマン（Tremoulet, P. D., & Feldman, J., 2000）は，単一物体をコンピュータ上で動かし，単一運動事象の方向変化角度が大きくなると生物性の印象は強まり，方向変化後の速度が変化前より速いときに生物性の印象が強まることを報告している。方向変化後に急に速度が速くなるということは物体の自動性または強い外力の存在を示唆する情報であり，外力を加える物体の存在がないときは生物性の印象が強くなるといえる。

中村と鷲見（2003）は，図7.4に示すように，実際の生物や無生物のさまざまな動きを単一点の動きに置き換え，それに対する生物性・無生物性の印象の

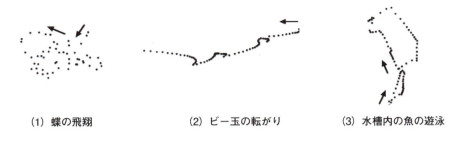

図7.4　単一運動刺激として用いた蝶，ビー玉，魚の運動軌跡（中村と鷲見，2003）
実際の刺激では30点/秒でサンプリングしているが，図の各点は15点/秒でサンプリングされたものであり，点と点の間隔が大きいほどその間の移動速度は速い。

強さについて調べている。その結果，多くの参加者が生物の動きと無生物の動きを弁別していること，そして動きそのものが力学的法則（とくに重力の影響）に一致する場合は無生物的な印象が強く，逆に，それに反するような動きに対しては生物的な印象が強くなること，方向変化の角度よりも，方向変化の頻度が多い場合に生物的な印象が強くなることなどを報告している。川村（1992）も，実際のアリの動きや無生物の動きを単一点や線画の動きとして表し，それに対する生物性の知覚について調べ，アリの細かく方向を変える動きは環境を探知する働きをもっており，このような環境との相互作用を示す動きは生物性，すなわち生物の自動力を強く知覚させると述べて，方向変化の頻度と生物性との関連性を示唆している。

7.4　ミショットの因果関係知覚

　ミショット（Michotte, A. E.；1881-1965）は，ギブソンおよびヨハンソンに並ぶ事象知覚研究の先駆者の一人といえる。彼については**因果関係知覚**（perception of causality）研究者としての側面だけが強く印象づけられているが，彼の研究が，その後**現象的永続**（phenomenal permanence）や**現象的実在**（phenomenal reality）に関する研究などへの広がりをみせており，現在に至るまでさまざまな事象知覚研究に影響を与えている。たとえば彼が**トンネル**

効果(tunnel effect)で用いたアモーダル知覚(amodal perception)および非感性的完結化(amodal completion)(Michotte et al., 1964/1991)はカニッツァの非感性的完結化,主観的輪郭へとつながっている。

7.4.1 ラウンチング効果とエントレイニング効果

図 7.5 に示すように「幅 5 mm,長さ 15 cm の背景が白の水平なスリット中央に,1 辺 5 mm の赤の正方形(B)があり,そこから 40 mm 左に同じ大きさの黒い正方形(A)が提示されている。そして,A が B に向かって 30 cm/s の速度で動き,B に接して停止する,その後短い間隔(たとえば 30 ms)をおいて,A と同じかあるいはそれよりも明らかに遅い速度で,B だけがさらに右へ 20 mm かそれ以上移動して停止する」。このような事象の観察者のほとんどが,実際には 2 物体が衝突していないにもかかわらず,「A が B にぶつかって B を動かした」という因果関係(2 物体間の力の作用),とくにこの刺激においては「A が B を突き動かした」というラウンチング効果(launching effect)を知覚することを示した。すなわち,衝突事象における物体の速度や運動方向などの運動学的な性質から,物体の動きやその変化を引き起こしている力(運動の原因)が,認知過程を介することなく,刺激事象から直接的に知覚されると

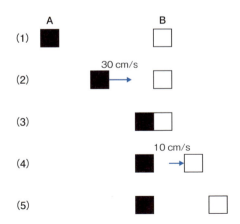

図 7.5 ミショットの第 1 実験に用いられたラウンチング効果が生じる因果関係知覚刺激

した（Michotte, 1946/1963）。そしてこの**因果関係知覚**の構造的性質として，彼は「**現象的二重化**（phenomenal duplication）」と「**運動の拡張**（ampliation of movement）」の2点を提示した。前者は被衝突物体であるBの運動が，Aの運動の連続という性質と，B自身の運動という二重の性質を備えていることを意味し，後者は，Bの運動はAの運動が延長されて新たに産出されたものであることを意味している。

エントレイニング効果（entraining effect）とは，図7.5の第4局面においてAとBが一緒に並んでAの衝突前の速度でさらに右へ移動するというもので，上記の構造的性質を備えており，「AがBを押しやる」という因果関係が知覚されるとしている。また，ミショットは，衝突後Aは停止して，BだけがAの速度よりも3倍程度の速さで離れていったとき，Aの接触が引き金となって，Bが自らの力で移動するという**トリガリング効果**（triggering effect）も報告しているが，これは先述の因果関係知覚の構造的性質を備えていないために，因果関係知覚には分類されていない。

7.4.2 因果関係知覚に対する力学的解釈

因果関係知覚を力学的観点から解釈して，刺激のもつ運動学的性質から，「一方が他方に衝突して動かす」という力学的性質が知覚されるという事象知覚の一つとして因果関係知覚をとらえ直そうと試みたのはルネソン（Runeson, S., 1977）であった。彼は物理的衝突事象を規定している「**運動量保存の法則**（law of conservation of momentum）」を基準にすると，ラウンチング効果およびエントレイニング効果は非常に特殊なものではあるが，その範囲内で起こり得る事象であるために，参加者はそこに衝突という力学的性質を知覚すると考えた。そして衝突事象における力学的性質の知覚は運動量保存の法則に基づいて説明することが可能であり，またミショットによって報告されている因果関係知覚の諸事実についてもこの力学的観点からの説明が可能であることを示唆している。

中村（1991）は，この考えに沿ってミショットの因果関係知覚実験で用いられた多くの衝突事象を，運動量保存の法則を基準に分類している。

2物体の正面衝突事象における運動量保存の法則は下記の公式によって示すことができる。

$$m_1 v_1 + m_2 v_2 = m_1 v_1' + m_2 v_2' \tag{1}$$

ただし，m_1, m_2 は衝突する2物体の質量，v_1, v_2 は衝突前の2物体の移動速度，v_1', v_2' は衝突後の2物体の移動速度である。そして速度については，運動方向に応じて正と負に分かれており，正は左から右方向への運動，負はその逆方向への運動を表す。この式は，2物体の衝突において衝突以前の総運動量は，何らかの外力が加えられない限り，衝突後も保存されることを示すものである。

この運動量保存の法則に一致した正面衝突事象であるために必要な運動学的条件は，以下の2点になる。

1. 衝突前の速度が衝突後，マイナス方向へ変化するような運動物体と，衝突後，その移動速度がプラス方向へ変化するような運動物体の両方が存在しなければならない。ただし速度のマイナス（プラス）方向への変化とは，右（左）方向への運動が（a）遅くなる，（b）停止する，（c）跳ね返って左（右）方向への運動になる，という3つの変化を含んでいる。
2. 衝突後の2物体間の速度差 $(v_2' - v_1')$ は，衝突前の速度差 $(v_1 - v_2)$ よりも小さくならなければならない。ただし，**跳ね返り係数**（coefficient of restitution）が1の**完全弾性衝突**（perfectly elastic collision）の場合，この速度差は等しくなる。

この観点からミショット（Michotte, 1946/1963）が実験に用いた衝突事象を調べて，運動量保存の法則に一致した動きをもつほとんどの刺激において因果関係が知覚されていることから，中村（1991）は，衝突事象を知覚する上でこの運動量保存の法則が重要な枠組みの一つになっていると述べている。

7.4.3　正面衝突事象における相対質量の知覚

また，この上記（1）の公式を（2）のように書き替えることによって，衝突前後の2物体の速度が明らかな場合，力学上は2物体の相対質量も必然的に決

定される。

$$\frac{m_1}{m_2} = \frac{v_2' - v_2}{v_1 - v_1'} \qquad (2)$$

もし私たちの知覚システムに，カイザーとプロフィット（Kaiser, M. K., & Proffitt, D. R., 1987）が述べるように運動量保存の法則に一致した枠組みが存在するのであれば，その範囲内で生じる2物体の衝突事象を観察することによって，必然的に2物体の相対質量（relative mass）が知覚されることも予測される。

　この点を最初に実験的に調べたのがトッドとワレン（Todd, J. T., & Warren, W. H., 1982）である。彼らは正面衝突事象における衝突前後の2物体の移動速度をさまざまに変え，2物体の相対質量判断を調べた。その結果，力学法則に従って計算された相対質量比が大きくなるに伴って，運動量保存の法則に一致した反応が多く出現するようになることが示された。しかし，衝突前の速度に関係なく，衝突後ゆっくり移動する物体のほうがより重いと判断される傾向も認められた。そこで第2実験において，相対質量が衝突事象のどの局面に依存して判断されているかを調べたところ，衝突後の2物体の速度差に強く依存しており，衝突後ゆっくり動くほうがより重く知覚される傾向があることが明らかとなった。ギルデンとプロフィット（Gilden, D. L., & Proffitt, D. R., 1989）は，このように刺激事象の一部分を手がかりとして相対質量を判断するという傾向が2次元面での衝突事象においても認められることから，「衝突後ゆっくり動く物体のほうがより重い」あるいは「衝突後，移動方向が変化する物体はより軽い」という発見的ルール（heuristics）に従って相対質量が判断されると述べている。

7.4.4　最近の因果関係知覚研究の動向

　ルネソン以降の力学的観点から因果関係知覚を解釈しようとする研究は，運動学的性質から力学的性質を知覚する一つの事象知覚として位置づけられるが，その観点とは異なり，むしろヒューム（Hume, D., 1739）の原因と結果の時間的・空間的接近性（spaciotemporal contiguity）および原因の結果に対する

7.4 ミショットの因果関係知覚

時間的先行性（temporal priority）という観点から因果関係知覚をとらえようとする研究も報告されている。たとえば、ホワイトとミルン（White, P. A., & Milne, A., 1999）は、衝突によって引き起こされる**凝集性の崩壊あるいは爆発**（enforced disintegration and bursting）というような現象を取り上げ、**相互作用の印象**（interaction impression）としてとらえ直そうとしている。それは彼らの次の言葉に明確に表されている。すなわち「生得的な視覚メカニズムや知覚的学習、概念的知識の応用、これらのすべてが相互作用印象の生起に関する説明可能性を有している」（p.514）と述べることによって、単に刺激から直接的に知覚される因果関係だけではなく、因果関係が世界の認識に関するより高次の性質であるという観点から因果関係の認知を研究しようとする方向性を示したのである。

たとえば、トリガリング効果、**運搬効果**（transportation effect）、**道具効果**（tool effect）や、**牽引効果**（attraction effect）など（図 7.6（a）、（b）、（c））、ラウンチング効果やエントレイニング効果以外の刺激に対しても因果関係以外のさまざまな関係が知覚されることはミショットによっても報告されているが、現在、**表象的運動量**（representational momentum）（慣性）など、新たな観点

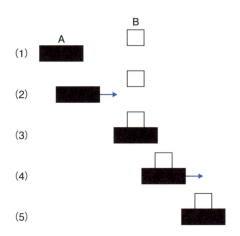

図 7.6（a） 運 搬 効 果
図形 A が静止している B の下に来て、一緒に同じ方向に移動するという事態で、A が B を運搬するという印象が得られる。

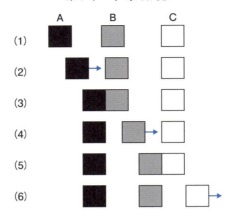

図 7.6(b) 道 具 効 果
図形 A が B に衝突して，動かされた B がさらに C に衝突して C が動くという事態で，A が B を使って C を動かしたという印象が得られる。

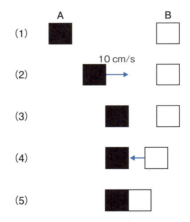

図 7.6(c) 牽 引 効 果
図形 A が B の近くまで動いて停止し，その後 B が A に向かって移動するという事態で，A が磁石のように B を引きつけたという印象が得られる。

からこれらの現象に対する研究が展開されている（Hubbard & Favretto, 2003；Hubbard & Ruppel, 2002；Oakes & Kannass, 1999；Scholl & Nakayama, 2002；Verfaillie & Daems, 1996）。

さらに，ブレイクモアら（Blakemore, S. J. et al., 2001）はfMRI（機能的

磁気共鳴画像法；functional magnetic resonance imaging）を用いたラウンチング効果に関する大脳生理学的研究を行い，MT野と**上側頭溝**（Superior Temporal Sulcus；**STS**），そして**左頭頂間溝**（left intraparietal sulcus）が因果関係知覚において重要な役割を果たしていることを示している。サルの上側頭溝には，手で物体を押して動かす様子を観察した際にとくに反応する細胞が存在すること，そしてこの細胞は，手と物体との間に時間的・空間的ギャップがあるときは反応しないことなどが報告されており（Perrett et al., 1989），力学的な因果関係知覚にこの領野が関与しているものと思われる。また，頭頂間溝は空間関係の処理に関与しているので（Coull & Nobre, 1998），衝突する2物体の空間関係を因果関係として検知する高次な処理がなされていると考えられている。

7.5 バイオロジカル・モーション

　ヨハンソン（Johansson, 1973）は，薄暗い部屋内を歩くモデルの主要な関節部位に電球を装着し，背景およびモデルの身体は見えず，装着された電球のポイント・ライトだけが見えるという映像を観察したときの参加者の知覚現象ついて報告している。それによると，歩く前の静止した状態では単なるポイント・ライトの集合としか知覚されなかったものが，歩き始めると，即座に人の歩行動作が知覚されたのである（図7.7）。これをヨハンソンは**バイオロジカル・モーション**（biological motion）とよび，**ポイント・ライト・ウォーカー**（point-light-walker）が一歩を踏み出した動作（約1秒）を提示しただけでもこの歩行動作が知覚されること，さらにこれが全員の参加者において強制的に知覚されること，また腰から下の5ポイントを提示するだけで足の動き，すなわち歩行動作を知覚するのに十分であることなどを示した。ポイント・ライト・ウォーカーそのものには身体の輪郭が提示されないだけではなく，さまざまな人の特性を特定させるような情報が捨象されているにもかかわらず，歩行動作が明瞭に知覚されたのである。

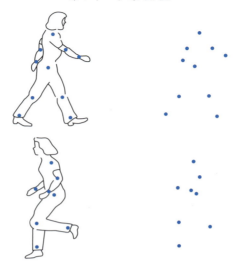

図 7.7　ポイント・ライト・ウォーカーの一コマ（Johansson, 1973）
人体の主要な関節の動きを抽出してポイントだけを示したものである。

7.5.1　バイオロジカル・モーション知覚の視覚的メカニズム

　バイオロジカル・モーションに対して歩行動作が知覚される視覚的メカニズムとしてヨハンソンは，視覚系がそれぞれのポイント・ライトの動きについて**視覚的ベクトル分析**（visual vector analysis）を行い，主要な関節に取りつけられた個々のポイント・ライトを1つの構造の下に統合するというモデルを提唱している。すなわち，腰の運動をその構造の基準点として膝の位置につけられたポイント・ライトの振り子運動が知覚され，次に膝を基準点として足首の振り子運動が知覚されるという，階層的な振り子運動の多重構造として各ポイントが統合され，全体的な人の歩行動作が知覚されると考えたのである。またヨハンソン（Johansson, 1976）は，200 ms（眼球運動の反応時間）という短時間提示のポイント・ライト・ウォーカーに対しても歩行動作が知覚されることから，歩行動作知覚は刺激に対する注視点および注意に影響されることはないとも述べている。このバイオロジカル・モーション知覚が眼球運動に影響されないということは，全体的な歩行動作の知覚が各身体部位の知覚に先行して

いるということを示すものであり，この点が後に議論の焦点になる。

　バイオロジカル・モーションの視覚メカニズム研究法の一つとして，バイオロジカル・モーションにさまざまな変化を加えて，知覚の**頑健さ**（robustness）を調べるという方法がある。バイオロジカル・モーションをさまざまな動きのランダム・ドット・ノイズによってマスクしたときの歩行動作の知覚，あるいは歩行方向の判断などを指標として調べる方法は代表的な手法である。すなわち，**マスキングノイズ**（masking noise）によってマスクされるのは，全体的な動きではなく，局所的な身体部位の動きであり，もしマスキングに対して頑健性があるとするならば，バイオロジカル・モーションに全体的な運動処理が関与しているが，もし，その頑健性が崩れるならば，局所的運動の処理が強く関与していることが示されることになる。このような観点からカッティングら（Cutting et al., 1988）は，コンピュータで作成したポイント・ライト・ウォーカーにランダム・ドット・マスク刺激を加えて，歩行動作と歩行方向の知覚について調べた。マスク刺激の種類は，静止したランダム・ドット，直線運動するランダム・ドット，円運動するランダム・ドット，そしてポイント・ライト・ウォーカーのポイントをランダムにその配置を換えたもの（**異配置ウォーカー**；scrambled walker）を用いている。実験の結果，異配置ウォーカーのマスク刺激においてマスキング効果が認められたものの，その他のマスク刺激の効果は少なく，全体的な処理が行われていることが示唆された。

　バイオロジカル・モーションの局所的な処理に関連して，歩行動作を知覚する上で，どの身体部位の動きが優位に貢献しているかを調べようとする研究もある。カッティング（Cutting, 1978）やコズロウスキーとカッティング（Kozlowski, L. T., & Cutting, 1977）は，腕や足のポイントが提示されるだけで歩行動作そして性別の認識さえ可能であったと報告しており，これらのことからも，歩行動作知覚に強く貢献している身体部位とそうでない部位があることが理解される。マーサーら（Mather et al., 1992）は，身体部位のうち，両手首と両足首が提示されると，ポイント・ライト・ウォーカーの全体が提示されたときとほぼ同じ割合で，人の歩行動作が知覚されることを示している。すなわち，この部位が提示されただけで歩行動作が知覚されるということは，ヨハ

ンソン（Johansson, 1973）の主張するような，腰を起点とした振り子運動の階層的構造が知覚されなくても歩行動作の知覚が可能であることを示すことになる。また中村（2003）は，左右の足首が提示されただけでもナイーブな参加者の80％が歩行動作の知覚を言語報告することを示し，左右対称な身体部位が一定のリズムで反対の動きをするという**ダイナミックな対称性**（dynamic symmetry）（Cutting & Proffitt, 1981）が提示されるような刺激において歩行動作が知覚されやすいことを示している。

　バイオロジカル・モーション知覚のメカニズムを検討する手段としてとられるもう一つの研究手法は，ポイント・ライト・ウォーカーを逆さまにするなど，その提示方向を変えたときの観察者の反応を指標とするものである。すなわち，ポイント・ライト・ウォーカーの視覚的処理において**トップダウン処理**（top-down processing）と**ボトムアップ処理**（bottom-up processing）の両方が関与しているといわれているが，方向を変えることによってトップダウン処理が制約を受けて，主にボトムアップ処理が優位に機能することになる。鷲見（Sumi, S., 1984）はポイント・ライト・ウォーカーを逆さまに提示した場合，個々の身体部位の処理がなされて，腕や脚の動きを知覚することはできるが，腕が上にあるというトップダウン処理によって，全体的には奇妙な，「綱にぶら下がって移動している」，あるいは「阿波踊りを踊っている」，「雲梯で遊んでいる」などの動作が知覚されると報告している。またパブロワとソコロフ（Pavlova, M., & Sokolov, A., 2000）は，ポイント・ライト・ウォーカーの歩行方向判断を指標として，ポイント・ライト・ウォーカーの提示方向とマスク刺激の効果について調べている。彼らは提示方向が90°から180°において方向判断の正答率が低下していることを示し，この結果は，トップダウンの運動処理が方向性によって制約を受けたためであると説明している。このようなバイオロジカル・モーションの方向特殊性がみられる理由として，バーテンサルとピント（Bertenthal, B. I., & Pinto, J., 1994）は，意味のある形の記憶表象が曖昧な形の知覚的体制化に寄与していることから，ポイント・ライト・ウォーカー知覚においても同様に，身体に関する記憶表象が寄与していると推測している。すなわち人の正立像が記憶表象されているために，倒立したポイント

・ライト・ウォーカーに対して逆に制約的に働くことになると説明している。

また近年では，バイオロジカル・モーションの知覚メカニズムに関する大脳生理学的研究も多く報告されるようになり，新たな視点を与えている。たとえば，オーラムとペレット（Oram, M. W., & Perrett, D. I., 1994）は，マカクザルを用いて，バイオロジカル・モーションに選択的に反応する細胞が**上側頭溝多感覚領野**（Superior-Temporal-Polysensory area；STPa）に存在することを示している。またボンダら（Bonda, E. et al., 1996）は，人を対象に**PET**（陽電子放射断層撮影法；Positron Emission Tomography）を用いて，**右上側頭溝後部**（the right-posterior-superior-temporal sulcus）およびその近辺の側頭葉の皮質がバイオロジカル・モーションの知覚に関与していることを示しているし，fMRIを用いたハワードら（Howard, R. J. et al., 1996）やグロスマンら（Grossmann, E. et al., 2000）の研究は，**上側頭溝**（superior temporal sulcus）付近でバイオロジカル・モーションに対する反応が選択的に生じていることを示している。この上側頭溝は，グロスマンらによると**腹側路**（ventral stream）と**背側路**（dorsal stream）の合流点で，いわゆる**対象の知覚**（what）と**空間定位と行為**（where, how）それぞれの系が統合される部位とされており，バイオロジカル・モーション知覚がその両方の側面をもっていることを示すものである。

7.5.2 バイオロジカル・モーション研究の応用

ヨハンソン（Johansson, 1973）は，人の歩行動作だけではなく，走行や2人のダンス，スケート，自転車，山登り，腕立て伏せなどのエクササイズ動作等のバイオロジカル・モーションも高い割合で同定されたことを示しているが，以降，このバイオロジカル・モーションが有する情報量の豊かさについて多くの研究が進められてきた。その中でも多くの研究結果が報告されている領域が，カッティングを中心とした研究グループが実施したポイント・ライト・ウォーカーの性別の同定に関する研究であろう（Cutting, 1978；Cutting et al., 1978；Kozlowski & Cutting, 1977）。彼らはポイント・ライト・ウォーカーの男女の識別に寄与する刺激要因として，両肩と腰の両サイドの4点によって構

成される四角形の対角線の交点（これを彼らは"center of moment（Cm）"とよんでいる）の高さが歩行者の男女識別に強く関与しているという仮説を提唱し，それをコンピュータによって人工的に作成したポイント・ライト・ウォーカー刺激のCmを操作して検証している．その結果，82%の正答率を得ることができ，逆に肩あるいは腰のポイントを削除すると正答率が59%にまで低下したことを報告している．すなわち，男性と女性では肩幅と腰の幅が異なっており，その比を調べてみると男性では1.1を超えることが多いのに対して，女性では1.0前後となる．すると当然このCmは男性では低い位置になり，逆に女性は高い位置となる．そしてこれが歩行時の運動に影響を与えるというのである．たとえば，Cmが起点となって体の横揺れ（sway）が生じるが，このCmが低い位置にある男性ではモーメントのアームが長くなるために肩の横揺れ幅は大きくなり，それが女性との違いを知覚させると考えられている．

　その後も多くの男女識別に寄与する要因に関する研究がなされているが，ルネソンとフライクホルム（Runeson, S., & Frykholm, G., 1983）は**運動学的力学特定原理**（the principles of kinematic specification of dynamics）という考えのもとに，単に歩行だけでなく椅子に座ったり立ったりするような一連の動きをしたときにはコズロウスキーとカッティング（Kozlowski & Cutting, 1977）よりも高い割合（75%）でポイント・ライト・ウォーカーの性別の識別が可能であることを報告している．この原理は，運動学的に定義可能な動きには必ず原因となる力学的な背景が存在しており，運動学的性質からその原因となっている力学的特性を知覚的に特定できるというものである．すなわち，男性と女性とでは筋力の強さが異なるために，それが運動学的な性質にも反映されて，それを手がかりとして男女の識別が可能になるという考えである．

　バイオロジカル・モーションを用いた他の研究領域として，6人の男女の個人の同定においてナイーブな参加者の正答率が38%（チャンスレベルは17%）で，試行を繰り返すに従ってその正答率が59%に上昇したことを報告しているコズロウスキーとカッティング（Kozlowski & Cutting, 1977）の研究や，バイオロジカル・モーションの一部を時間的に強調することによって個人の同定の成績が上昇することを示したヒルとポリック（Hill, H., & Pollick, F. E.,

2000）による研究，ルネソンとフライクホルム（Runeson & Frykholm, 1981, 1983）による持ち上げる物体の重さの同定やポイント・ライト・ウォーカーによる動きの意図の知覚（perception of intention）に関する研究，バイオロジカル・モーションによる情動表現の認知に関する研究（Walk & Homan, 1984；Dittrich et al., 1996），バイオロジカル・モーションを表情（facial expression）の研究に応用したバシリ（Bassili, J. N., 1978）の研究など，さまざまな領域の研究結果が報告されている。

7.5.3 正面視の歩行方向判断研究

バンリーら（Vanrie J. et al., 2004）は，位置変動のないポイント・ライト・ウォーカーを正面，あるいは45°の角度から観察した場合，その奥行き運動方向，すなわち自分のほうへ向かって歩いてきているか，観察者から離れていくかは曖昧であるにも関わらず，約80％の割合で，観察者に向かって歩いてくるように知覚される傾向があることを示した。

この研究以降，この現象は対面バイアス（facing bias）とよばれ，以下に示すようにさまざまな観点から研究がなされている。

(1) ポイント・ライト・ウォーカーの性別

男性のポイント・ライト・ウォーカーに対する対面バイアスが強い（Brooks et al., 2008）。

(2) 観察者の性別

男性のほうが男性のポイント・ライト・ウォーカーに対する対面バイアスが強い（Schouten et al., 2010）。

(3) ポイント・ライト・ウォーカーの部位

身体の下部の動きが対面バイアスに関与している（Schouten et al., 2011）。

(4) 対人不安の影響

対人不安が強いほど対面バイアスが弱くなる（Van de Cruys et al., 2013）。逆に対人不安が強いほど対面バイアスは強い（Heenan, 2014）。

●練習問題

1. 運動知覚と事象知覚の違いについて考えてみよう。
2. ヨハンソンの知覚的ベクトル分析理論について，インターネット上にアップされた現象を見つけ，知覚的に体験してみよう。
3. ポイント・ライト・ウォーカー刺激にランダム・ドット・ノイズでマスキングする実験は何を目的に行うのであろうか。この点について復習し，理解を深めてみよう。
4. 事象知覚に関連して，当該の事象が刺激から直接的に知覚されるか，あるいは過去の経験と照合して知覚されるかという問題が常に議論されるが，この点について考えてみよう。

●参考図書

吉村浩一（2006）．運動現象のタキソノミー――心理学は"動き"をどう捉えてきたか――　ナカニシヤ出版

　これまでに研究されてきた運動現象について，著者の基本的立場，すなわちロック（Rock, I.）の「知覚は問題解決過程」という考えのもとに，イタリアにおけるネオ・ゲシュタルト学派の知見から因果関係知覚やバイオロジカル・モーション研究などを，あくまでも視覚現象そのものに注目して，幅広く紹介している。中級者向け。

ギブソン，J. J.　古崎　敬・古崎愛子・辻　敬一郎・村瀬　旻（訳）（1985）．ギブソン　生態学的視覚論――ヒトの知覚世界を探る――　サイエンス社

　アフォーダンスの概念が本書によって広く知られるようになったが，生態学的知覚研究の先駆けとなった本書では，環境内の自己運動によって生じる光学的流動（オプティカル・フロー）と対象運動の関係が知覚の基本であるという生態学的アプローチが提唱されており，その観点から事象知覚の性質について理解を深めることができる。上級者向け。

引用文献

第1章

Cavanagh, P. (1999). Top-down processing in vision. In R. A. Wilson, & F. C. Keil (Eds.), *MIT encyclopedia of cognitive science* (pp.844-845). Cambridge, MA : MIT Press.

Colavita, F. B. (1974). Human sensory dominance. *Perception and Psychophysics*, **16**, 409-412.

藤田和生 (2005). 動物の錯視　後藤倬男・田中平八 (編) 錯視の科学ハンドブック (pp.284-298)　東京大学出版会

熊田孝恒 (2012). マジックにだまされるのはなぜか――「注意」の認知心理学――　化学同人

松田隆夫 (2000). 知覚心理学の基礎　培風館

苧阪直行 (1994). 周辺視　大山　正・今井省吾・和気典二 (編) 新編 感覚・知覚心理学ハンドブック (pp.923-930)　誠信書房

Palmer, S. (1975). The effects of contextual scenes on the identification of objects. *Memory and Cognition*, **3**, 519-526.

Posner, M. I. (1980). Orienting of attention. *Quarterly Journal of Experimental Psychology*, **32**, 3-25.

Posner, M. I., & Raichle, M. E. (1994). *Images of mind*. New York : Scientific American Library.
　(ポスナー，M. I.・レイクル，M. E.　養老孟司・加藤雅子・笠井清登 (訳) (1997). 脳を観る――認知神経科学が明かす心の謎――　日経サイエンス社)

Posner, M. I., Walker, J. A., Friedrich, F. J., & Rafal, R. D. (1984). Effects of parietal injury on covert orienting of attention. *Journal of Neuroscience*, **4**, 1863-1874.

Pritchard, R. M. (1961). Stabilized images on the retina. *Scientific American*, **204**, 72-78.

Rock, I., & Victor, J. (1964). Vision and touch : An experimentally created conflict between the two senses. *Science*, **143**, 594-596.

佐藤宏道 (2000). 網膜から一次視覚野　日本視覚学会 (編) 視覚情報処理ハンドブック (p.54)　朝倉書店

Shams, L., Kamitani, Y., & Shimojo, S. (2000). What you see is what you hear. *Nature*, **408** (6814), 788.

Shepard, R. N. (1990). *Mind sights : Original visual illusions, ambiguities, and other anomalies, with a commentary on the play of mind in perception and art*. New York : Freeman.
　(シェパード，R. N.　鈴木光太郎・芳賀康朗 (訳) (1993). 視覚のトリック――だまし絵が語る「見る」仕組み――　新曜社)

Simons, D. J., & Chabris, C. F. (1999). Gorillas in our midst : Sustained inattentional

blindness for dynamic events. *Perception*, **28**, 1059-1074.
（サイモンズたちの実験のデモンストレーションは以下のURLで見ることができる。
http://www.theinvisiblegorilla.com/gorilla_experiment.html）
Teghtsoonian, R. (1971). On the exponents in Stevens' law and the constant in Ekman's law. *Psychological Review*, **78**, 78-80.
Yarbus, A. L. (1967). *Eye movements and vision* (B. Haigh, Trans., & L. A. Riggs, Translation Ed.). New York : Plenum Press.

第２章

Beatty, J., & Wagoner, B. L. (1978). Pupillometric signs of brain activation vary with level of cognitive processing. *Science*, **199**, 1216-1218.
Beatty, J., & Wagoner, B. L. (2000). The pupillary system. In J. T. Cacioppo, L. G. Tassinary, & G. Berntson (Eds.), *Handbook of psychophysiology* (2nd ed.) (pp.142-162). Cambridge, UK : Cambridge University Press.
Blakemore, C., & Campbell, F. W. (1969). On the existence of neurones in the human visual system selectively sensitive to the orientation and size of retinal images. *Journal of Physiology*, **203**, 237-266.
Demos, K. E., Kelley, W. M., Ryan, S. L., Davis, F. C., & Whalen, P. J. (2008). Human amygdala sensitivity to the pupil size of others. *Cerebral Cortex*, **18**, 2729-2734.
Hess, E. H., & Polt, J. M. (1960). Pupil size as related to interest value of visual stimuli. *Science*, **132**, 349-350.
Hubel, D. H., & Wiesel, T. N. (1962). Receptive fields, binocular interaction and functional architecture in the cat's visual cortex. *Journal of Physiology*, **160**, 106-154.
Janisse, M. P. (1973). Pupil size and affect : A critical review of the literature since 1960. *Canadian Psychologist*, **14**, 311-329.
Mather, G. (2009). *Foundations of sensation and perception* (2nd ed.). Psychology Press.
Mishkin, M., Ungerleider, L. G., & Macko, K. A. (1983). Object vision and spatial vision : Two cortical pathways. *Trends in Neurosciences*, **6**, 414-417.
Oliva, A., Torralba, A., & Schyns, P. G. (2006). Hybrid images. *ACM Transactions on Graphics (SIGGRAPH 2006 issue)*, **25** (3), 527-532.
Partalaa, T., & Surakka, V. (2003). Pupil size variation as an indication of affective processing. *International Journal of Human-Computer Studies*, **59**, 185-198.
Sceniak, M. P., Hawken, M. J., & Shapley, R. (2001). Visual spatial characterization of macaque V1 neurons. *Journal of Neurophysiology*, **85**, 1873-1887.

第３章

Adelson, E. H. *Checkershadow illusion*. （エイデルソンのチェッカーシャドー錯視）
　　Retrieved from　http://web.mit.edu/persci/people/adelson/checkershadow_illusion.html
Adelson, E. H. (2000). Lightness perception and lightness illusions. In M. Gazzaniga (Ed.), *The new cognitive neurosciences* (2nd ed.) (pp.339-351). Cambridge, MA : The

MIT Press.
DeValois, R. L., Abramov, I., & Jacobs, G. H. (1966). Analysis of response patterns of LGN cells. *Journal of the Optical Society of America*, **56**, 966-977.
Hartline, H. K., Wagner, H. G., & Ratliff, F. (1956). Inhibition in the eye of limulus. *Journal of General Physiology*, **39**, 651-673.
Hecht, S., Haig, C., & Chase, A. M. (1937). The influence of light adaptation on subsequent dark adaptation of the eye. *Journal of General Physiology*, **20**, 831-850.
池田光男（1975）．視覚の心理物理学　森北出版
池田光男・芦澤昌子（2005）．どうして色は見えるのか──色彩の科学と色覚──　平凡社
松田隆夫（2000）．知覚心理学の基礎　培風館
森　礼於・渡会吉昭（1998）．4 色──色刺激，心理物理色，知覚色──　日本色彩学会（編）新編　色彩科学ハンドブック（第2版）　東京大学出版会
大山　正（1994）．色彩心理学入門──ニュートンとゲーテの流れを追って──　中公新書
Oyama, T., & Yamamura, T. (1960). The effect of hue and brightness on the depth perception in normal and color-blind subjects. *Psychologia*, **3**, 191-194.
Palmer, S. (1999). *Vision science : Photons to phenomenology*. Cambridge, MA : The MIT Press.
Pungrassamee, P., Ikeda, M., Katemake, P., & Hansuebsai, A. (2005). Color appearance determined by recognition of space. *Optical Review*, **12**, 211-218.
Tomita, T., Kaneko, A., Murakami, M., & Pautler, E. L. (1967). Spectral response curves of single cones in the carp. *Vision Research*, **7**, 519-531.
Vos, J. J., & Walraven, P. L. (1971). On the derivation of the foveal receptor primaries. *Vision Research*, **11**, 799-818.
Wald, G. (1945). Human vision and the spectrum. *Science*, **101**, 653-658.
Wallach, H. (1948). Brightness constancy and the nature of achromatic colors. *Journal of Experimental Psychology*, **38**, 310-324.
White, M. (1979). A new effect on perceived lightness. *Perception*, **8**, 413-416.
White, M. (1981). The effect of the nature of the surround on the perceived lightness of gray bars within square-wave test gratings. *Perception*, **10**, 215-230.

第4章

Geier, J., Bernath, L., Hudak, M., & Sera, L. (2008). Straightness as the main factor of the Hermann grid illusion. *Perception*, **37**, 651-665.
Hoffman, D. D. (1998). *Visual intelligence : How we create what we see*. W. W. Norton & Company.
　　（ホフマン，D. D.　原　淳子・望月弘子（訳）（2003）．視覚の文法──脳が物を見る法則──　紀伊國屋書店）
Kanizsa, G. (1979). *Organization in vision : Essays on gestalt perception*. Praeger Publishers.
　　（カニッツァ，G.　野口　薫（監訳）（1985）．カニッツァ 視覚の文法──ゲシュタルト知覚論──　サイエンス社）

Knierim, J. J., & van Essen, D. C. (1992). Neuronal responses to static texture patterns in area V 1 of the alert macaque monkey. *Journal of Neurophysiology*, **67**, 961–980.

Metelli, F. (1970). An algebraic development of the theory of perceptual transparency. *Ergonomics*, **13**, 59–66.

Seghier, M. L., & Vuilleumier, P. (2006). Functional neuroimaging findings on the human perception of illusory contours. *Neuroscience and Biobehavioral Reviews*, **30**, 595–612.

Sekuler, A. B., & Palmer, S. E. (1992). Perception of partly occluded objects: A microgenetic analysis. *Journal of Experimental Psychology: General*, **121**, 95–111.

Snowden, R., Thompson, P., & Troscianko, T. (2012). *Basic vision: An introduction to visual perception* (rev. ed.). Oxford University Press.

Spillman, L. (1994). The Hermann grid illusion: A tool for studying human perceptive field organization. *Perception*, **23**, 691–708.

鷲見成正 (2013). 主観的輪郭立体図の知覚 日本基礎心理学会第32回大会発表要旨集

Tanaka, H., & Ohzawa, I. (2009). Surround suppression of V1 neurons mediates orientation-based representation of high-order visual features. *Journal of Neurophysiology*, **101**, 1444–1462.

von der Heydt, R., Peterhans E., & Baumgartner, G. (1984). Illusory contours and cortical neuron responses. *Science*, **224**, 1260–1262.

Walker, G. A., Ohzawa, I., & Freeman, R. D. (1999). Asymmetric suppression outside the classical receptive field of the visual cortex. *Journal of Neuroscience*, **19**, 10536–10553.

Wertheimer, M. (1912). Experementelle Studien über das Sehen von Bewegung. *Zeitschrit für Psychologie*, **61**, 161–265.

第5章

Bruno, N, Cutting, J. E. (1988). Minimodularity and the perception of layout. *Journal of Experimental Psychology: General*, **117**, 161–170.

Cutting, J. E., & Millard, R. T. (1984). Three gradients and the perception of flat and curved surfaces. *Journal of Experimental Psychology: General*, **113**, 198–216.

Delucia, P. R., & Hochberg, J. (1991). Geometrical illusions in solid objects under ordinary viewing conditions. *Perception and Psychophysics*, **50**, 547–554.

Dow, B. M., Snyder, A. Z., Vautin, R. G., & Bauer, R. (1981). Magnification factor and receptive field size in foveal striate cortex of the monkey. *Experimental Brain Research*, **144**, 213–28.

Gehringer, W. L., & Engel, E. (1986). Effect of ecological viewing conditions on the Ames' distorted room illusion. *Journal of Experimental Psychology: Human Perception and Performance*, **12**, 181–185.

Gibson, J. J. (1950). *The perception of the visual world*. Cambridge, MA: Riverside Press. (ギブソン, J. J. 東山篤規・竹澤智美・村上嵩至 (訳) (2011). 視覚ワールドの知覚

新曜社）

Gibson, J. J. (1966). *The senses considered as perceptual systems*. Boston : Houghton Mifflin.

Gibson, J. J. (1979). *The ecological approach to visual perception*. Boston : Houghton Mifflin.

（ギブソン，J. J. 古崎 敬・古崎愛子・辻 敬一郎・村瀬 旻（訳）（1985）．ギブソン生態学的視覚論――ヒトの知覚世界を探る―― サイエンス社）

Gregory, R. L. (1963). Distortion of visual space as inappropriate constancy scaling. *Nature*, **199**, 678-680.

Gregory, R. L. (1968a). Visual illusions. *Scientific American*, **219** (5), 66-76.

（グレゴリー，R. L. 大山 正（訳）（1975）．錯視のメカニズム 別冊サイエンス 特集視覚の心理学――イメージの世界――（pp.47-59） 日本経済新聞社）

Gregory, R. L. (1968b). Perceptual illusions and brain models. *Proceedings of the Royal Society of London. Series B, Biological Sciences*, **171**, 279-296.

Gregory, R. L. (1998). *Eye and brain : The psychology of seeing* (5th ed.). Oxford University Press.

（グレゴリー，R. L. 近藤倫明・中溝幸夫・三浦佳世（訳）（2001）．脳と視覚――グレゴリーの視覚心理学―― ブレーン出版）

Gregory, R. L., & Heard, P. (1979). Border locking and the Café wall illusion. *Perception*, **8**, 365-380.

Kersten, D., Mamassian, P., & Knill, D. C. (1997). Moving cast shadows induce apparent motion in depth. *Perception*, **26**, 171-192.

北岡明佳（2011）．恒常性 北岡明佳（編著）知覚心理学――心の入り口を科学する――ミネルヴァ書房

Marr, D., & Poggio, T. (1979). A computational theory of human stereo vision. *Proceedings of the Royal Society of London. Series B, Biological Sciences*, **204**, 301-328.

Maunsell, J. H., & van Essen, D. C. (1983). Functional properties of neurons in middle temporal visual area of the macaque monkey. II. Binocular interactions and sensitivity to binocular disparity. *Journal of Neurophysiology*, **49**, 1148-1167.

Nijhawan, R. (1991). The Müller-Lyer illusion reexamined. *Perception and Psychophysics*, **49**, 333-341.

O'Shea, R. P., Blackburn, S. G., & Ono, H. (1994). Contrast as a depth cue. *Vision Research*, **12**, 1595-1604.

Palmer, S. (1999). *Vision science : Photons to phenomenology*. Cambridge, MA : The MIT Press.

Rock, I., & Kaufman, L. (1962). The moon illusion, II. *Science*, **136**, 1023-1031.

Ross, H. E., & Plug, C. (2002). *The mystery of the moon illusion : Exploring size perception*. Oxford University Press.

（ロス，H. E.・プラグ，C. 東山篤規（訳）（2014）．月の錯視――なぜ大きく見えるのか―― 勁草書房）

Sedgwick, H. A. (1986). Space and motion perception. In K. R. Boff, L. Kaufman, & J. P.

Thomas (Eds.), *Handbook of perception and human performance : Sensory processes and perception*. Vol. 1 (pp.21.1-21.57). Cambridge, MA : MIT Press.

下條信輔 (1995). 視覚の冒険――イリュージョンから認知科学へ―― 産業図書

塩入 諭 (2000). 奥行き手がかりの統合 日本視覚学会 (編) 視覚情報処理ハンドブック 朝倉書店

Tozawa, J. (2010). Role of a texture gradient in the perception of relative size. *Perception*, **39**, 641-660.

Tozawa, J. (2012). Height perception influenced by texture gradient. *Perception*, **41**, 774-790.

第6章

Addams, T. D. (1834). An account of peculiar optical phenomenon seen after having looked at a moving body. *London and Edinburgh Philosophical Magazine and Journal of Science*, **5**, 373-374.

Anstis, S. M., & Moulden, B. P. (1970). Aftereffect of seen movement : Evidence for peripheral and central components. *Quarterly Journal of Experimental Psychology*, **22**, 222-229.

Barlow, H. B., & Hill, R. M. (1963). Evidence for a physiological explanation of the waterfall phenomenon and figural after-effects. *Nature*, **200**, 1345-1347.

Borst, A., & Egelhaaf, M. (1989). Principles of visual motion detection. *Trends Neuroscience*, **12**, 297-306.

Braddick, O. (1974). A short-range process in apparent motion. *Vision Research*, **14**, 519-527.

Cavanagh, P., & Mather, G. (1989). Motion : The long and short of it. *Spatial Vision*, **4**, 103-129.

Duffy, C. J., & Wurtz, R. H. (1991a). Sensitivity of MST neurons to optic flow stimuli. I. A continuum of response selectivity to large-field stimuli. *Journal of Neurophysiology*, **65**, 1329-1345.

Duffy, C. J., & Wurtz, R. H. (1991b). Sensitivity of MST neurons to optic flow stimuli. II. Mechanisms of response selectivity revealed by small-field stimuli. *Journal of Neurophysiology*, **65**, 1346-1359.

Gibson, J. J. (1979). *The ecological approach to visual perception*. Hillsdale, NJ : Lawrence Erlbaum Associates.

　　(ギブソン，J. J. 古崎 敬・古崎愛子・辻 敬一郎・村瀬 旻 (訳) (1985). ギブソン生態学的視覚論――ヒトの知覚世界を探る―― サイエンス社)

Hayashi, K. (1990). The new apparent movement : v-movement. *Gestalt Theory*, **12**, 3-32.

Hikosaka, O., Miyauchi, S., & Shimojo, S. (1993). Focal visual attention produces illusory temporal order and motion sensation. *Vision Research*, **33**, 1219-1240.

Kahneman, D. (1967). An onset-onset law for one case of apparent motion and metacontrast. *Perception and Psychophysics*, **2**, 577-584.

Kahneman, D., & Wolman, R. W. (1970). Stroboscopic motion : Effects of duration and interval. *Perception and Psychophysics*, **8**, 161-164.

Kanizsa, G. (1979). *Organization in vision : Essays on gestalt perception.* Praeger Publishers. (カニッツァ, G. 野口 薫（監訳）(1985). カニッツァ 視覚の文法――ゲシュタルト知覚論―― サイエンス社)

Kaufman, L., Cyrulnik, I., Kaplowitz, J., Melnick, G., & Stoff, D. (1971). The complementarity of apparent and real motion. *Psychologische Forschung*, **34**, 343-348.

Kolers, P. A., & von Grunau, M. (1976). Shape and color in apparent motion. *Vision Research*, **16**, 329-335.

Korte, A. (1915). Kinematoskopische Untersuchungen. *Zeitschrift für Psychologie*, **72**, 193-296.

Mather, G. (2009). *Foundations of sensation and perception* (2nd ed.). Psychology Press.

Newsome, W. T., Mikami, A., & Wurtz, R. H. (1986). Motion selectivity in macaque visual cortex. III. Psychophysics and physiology of apparent motion. *Journal of Neurophysiology*, **55**, 1340-1351.

Nishida, S., & Ashida, H. (2000). A hierarchical structure of motion system revealed by interocular transfer of flicker motion aftereffects. *Vision Research*, **40**, 265-278.

Nishida, S., Ashida, H., & Sato, T. (1994). Complete interocular transfer of motion aftereffect with flickering test. *Vision Research*, **34**, 2707-2716.

Shepard, R. N., & Zare, S. (1983). Path-guided apparent motion. *Science*, **220**, 632-634.

Smith, A. T. (1994). The detection of second-order motion. In A. T. Smith, & R. J. Snowden (Eds.), *Visual detection of motion.* London ; San Diego : Academic Press.

Tanaka, K., Hikosaka, K., Saito, H., Yukie, M., Fukada, Y., & Iwai, E. (1986). Analysis of local and wide-field movements in the superior temporal visual areas of the macaque monkey. *The Journal of Neuroscience*, **6**, 134-144.

Wertheimer, M. (1912). Experimentelle Studien über das Sehen von Bewegung. *Zeitschrift für Psychologie*, **61**, 161-265.

Williams, D. W., & Sekuler, R. (1984). Coherent global motion percepts from stochastic local motions. *Vision Research*, **24**, 55-62.

Yantis, S., & Nakama, T. (1998). Visual interactions in the path of apparent motion. *Nature Neuroscience*, **1**, 508-512.

吉村浩一（2006）. 運動現象のタキソノミー――心理学は"動き"をどう捉えてきたか―― ナカニシヤ出版

Zihl, J., von Cramon, D., & Mai, N. (1983). Selective disturbance of movement vision after bilateral brain damage. *Brain*, **106**, 313-340.

第7章

Bassili, J. N. (1978). Facial motion in the perception of faces and of emotional expression. *Journal of Experimental Psychology : Human Perception and Performance*, **4**, 373-379.

Bertenthal, B. I., & Pinto, J. (1994). Global processing of biological motions. *Psychological Science*, **5**, 221-225.

Blakemore, S. J., Fonlupt, P., Pachot-Clouard, M., Darmon, C., Boyer, P., Meltzoff, A. N., Segebarth, C., & Decety, J. (2001). How the brain perceive causality : An event-related fMRI study. *NeuroReport*, **12**, 3741-3746.

Bonda, E., Petrides, M., Ostry, D., & Evans, A. (1996). Specific involvement of human parietal systems and the amygdala in the perception of biological motion. *Journal of Neuroscience*, **16**, 3737-3744.

Brooks, A., Schouten, B., Troje, N. F., Verfaillie, K., Blanke, O., & van der Zwan, R. (2008). Correlated changes in perceptions of the gender and orientation of ambiguous biological motion figures. *Current Biology*, **18**, R728-R729.

Coull, J. T., & Nobre, A. C. (1998). Where and when to pay attention : The neural systems for directing attention to spatial locations and to time intervals as revealed by both PET and fMRI. *Journal of Neuroscience*, **18**, 7426-7435.

Cutting, J. E. (1978). Generation of synthetic male and female walkers through manipulation of a biomechanical invariant. *Perception*, **7**, 393-405.

Cutting, J. E., Moore, C., & Morrison, R. (1988). Masking the motion of human gait. *Perception and Psychophysics*, **44**, 339-347.

Cutting, J. E., & Proffitt, D. R. (1981). Gait perception as an example of how we may perceive events. In R. D. Walk, & H. L. Pick (Eds.), *Intersensory perception and sensory integration* (pp.249-273). New York : Plenum Press.

Cutting, J. E., Proffitt, D. R., & Kozlowski, L. T. (1978). Biomechanical invariant for gait perception. *Journal of Experimental Psychology : Human Perception and Performance*, **4**, 357-372.

Dichgans, J., & Brandt, T. (1978). Visual-vestibular interaction : Effects on self-motion perception and posture control. In R. Held, H. L. Leibowitz, & H. L. Teuber (Eds.), *Handbook of sensory physiology* (pp.756-804), VII. Berlin / Heiderberg / New York : Springer.

Dittrich, W. H., & Lea, S. E. G. (1994). Visual perception of intentional motion. *Perception*, **23**, 253-268.

Dittrich, W. H., Troscianko, T., Lea, S. E. G., & Morgan, D. (1996). Perception of emotion from dynamic point-light displays represented in dance. *Perception*, **25**, 727-738.

Duncker, K. (1929). Uber induzierte Bewegung (Ein Beitrag zur Theorie optisch wahrgenommener Bewegung). *Psychologische Forschung*, **12**, 180-259. (Translated and abridged as "Induced motion" In Ellis, W. D. (Ed.) (1955). *A source book of Gestalt psychology*. London : Routledge and Kagan Paul.)

Gibson, J. J. (1979). *The ecological approach to visual perception*. Hillsdale, NJ : Lawrence Erlbaum.

(ギブソン, J. J. 古崎 敬・古崎愛子・辻 敬一郎・村瀬 旻 (訳) (1985). ギブソン 生態学的視覚論──ヒトの知覚世界を探る── サイエンス社)

Gilden, D. L., & Proffitt, D. R. (1989). Understanding collision dynamics. *Journal of Experimental Psychology: Human Perception and Performance*, **15**, 372-383.

Grossman, E., Donnelly, M., Price, R., Pickens, D., Morgan, V., Neighbor, G., & Blake, R. (2000). Brain area involved in perception of biological motion. *Journal of Cognitive Neuroscience*, **12**, 711-720.

Heenan, A. P. (2014). *Effects of anxiety on perceptual biases for ambiguous biological motion stimuli*. A doctoral thesis submitted to the Department of Psychology. Queen's University.

Hill, H., & Pollick, F. E. (2000). Exaggerating temporal differences enhances recognition of individuals from point light displays. *Psychological Science*, **11**, 223-228.

Howard, R. J., Brammer, M., Wright, I., Woodruff, P. W., Bullmore, E. T., & Zeki, S. (1996). A direct demonstration of functional specialization within motion-related visual and auditory cortex of the human brain. *Current Biology*, **6**, 1015-1019.

Hubbard, T. L., & Favretto, A. (2003). Naïve impetus and Michotte's "tool effect": Evidence from representational momentum. *Psychological Research*, **67**, 134-152.

Hubbard, T. L., & Ruppel, S. E. (2002). A possible role of naïve impetus in Michotte's "launching effect": Evidence from representational momentum. *Visual Cognition*, **9**, 153-176.

Hume, D. (1739). *A treatise of human nature*.

(ヒューム, D. 大槻春彦 (訳) (1957). 人性論 岩波文庫)

Johansson, G. (1974). Projective transformation as determining visual space perception. In MacLeod, R. B., & Pick, H. L. (Eds.), *Perception: Essays in honor of J. J. Gibson* (pp. 117-138). Ithaca, New York: Cornell University Press.

Jansson, G. (1994). Perceived bending motion, the principle of minimum object change, and the optic sphere theory. In G. Jansson, S. S. Bergstroem, & W. Epstein (Eds.), *Perceiving events and objects: Resources for ecological psychology* (pp.409-416). Hillsdale, NJ: Lawrence Erlbaum Associates.

Jansson, G., & Johansson, G. (1973). Visual perception of bending motion. *Perception*, **2**, 321-326.

Johansson, G. (1950). *Configuration of event perception*. Uppsala: Aimqvist & Wiksell.

Johansson, G. (1973). Visual perception of biological motion and a model for its analysis. *Perception and Psychophysics*, **14**, 201-211.

Johansson, G. (1976). Spatio-temporal differentiation and integration in visual motion perception. *Psychological Research*, **38**, 379-393.

Johansson, G. (1985). About visual event perception. In W. H. Warren, & R. E. Shaw (Eds.), *Persistence and change*. Hillsdale, NJ: Lawrence Erlbaum Associates.

Johansson, G., von Hofsten, C., & Jansson, G. (1980). Event perception. *Annual Review of Psychology*, **31**, 27-63.

Kaiser, M. K., & Proffitt, D. R. (1987). Observers' sensitivity to dynamic anomalies in collisions. *Perception and Psychophysics*, **42**, 275-280.

川村久美子 (1992). 概念を知覚する 佐々木正人 (編) エコロジカル・マインド 現代のエスプリ, **298**, 27-38. 至文堂

Kozlowski, L. T., & Cutting, J. E. (1977). Recognizing the sex of a walker from a dynamic point-light display. *Perception and Psychophysics*, **21**, 575-580.

Mather, G., Radford, K., & West, S. (1992). Low-level visual processing of biological motion. *Proceedings of the Royal Society of London B*, **249**, 149-155.

Michotte, A. E. (1946/1963). *La perception de la causalité*. Louvain : Publications Universitaires de Louvain. (Translation by Miles, T. R., & Miles, E. (1963). *The perception of causality*. New York : Basic Books.)

Michotte, A., Thinés, G., & Crabbe, G. (1964/1991). Amodal completion of perceptual structures. In G. Thinés, A. Costall, & G. Butterworth (Eds.), *Michotte's experimental phenomenology of perception*. Hillsdale, NJ : Lawrence Erlbaum Associates.

中村 浩 (1991). 2物体の衝突事象知覚研究における力学的枠組みの有効性 心理学評論, **34**, 213-235.

中村 浩 (2003). 部分的に提示された歩行バイオロジカル・モーション知覚に寄与する運動情報の研究 北星学園大学短期大学部北星論集, 第1号 (Vol.39), 37-46.

中村 浩・鷲見成正 (2003). 単一物体運動における生物性・非生物性知覚に寄与する運動情報の研究 電子情報通信学会技術報告, **101**, 95-100.

Oakes, L. M., & Kannass, K. N. (1999). That's the way the ball bounce : Infants' and adults' perception of spatial and temporal contiguity in collisions involving bouncing balls. *Developmental Science*, **2**, 86-101.

Oram, M. W., & Perrett, D. I. (1994). Responses of anterior superior temporal polysensory (STPa) neurons to "biological motion" stimuli. *Journal of Cognitive Neuroscience*, **6**, 99-116.

Pavlova, M., & Sokolov, A. (2000). Orientation specificity in biological motion perception. *Perception and Psychophysics*, **62**, 889-899.

Perrett, D. I., Harries, M. H., Bevan, R., Thomas, S., Benson, P. J., Mistlin, A. J., Chitty, A. J., Hietanen, J., & Ortega, J. E. (1989). Frameworks of analysis for the neural representation of animate objects and actions. *Journal of Experimental Biology*, **146**, 87-113.

Premack, D., & Premack, A. J. (1995). Intention as psychological cause. In D. Sperber, D. Premack, & A. J. Premack (Eds.), *Causal cognition : A multidisciplinary debate* (pp.185-199). New York : Clarendon Press.

Runeson, S. (1977). *On visual perception of dynamic events*. Doctoral dissertation at the faculty of social sciences. University of Uppsala.

Runeson, S., & Frykholm, G. (1981). Visual perception of lifted weight. *Journal of Experimental Psychology : Human Perception and Performance*, **7**, 733-740.

Runeson, S., & Frykholm, G. (1983). Kinematic specification of dynamics as an informational basis for person and action perception : Expectation gender recognition, and deceptive intention. *Journal of Experimental Psychology : General*, **112**, 585-615.

Scholl, B. J., & Nakayama, K. (2002). Causal capture: Contextual effects on the perception of collision events. *Psychological Science*, **13**, 493–498.

Schouten, B., Troje, N. F., Brooks, A., van der Zwan, R., & Verfaillie, K. (2010). The facing bias in biological motion perception: Effects of stimulus gender and observer sex. *Attention, Perception, and Psychophysics*, **72**, 1256–1260.

Schouten, B., Troje, N. F., & Verfaillie, K. (2011). The facing bias in biological motion perception: Structure, kinematics, and body parts. *Attention, Perception, and Psychophysics*, **73**, 130–143.

Sumi, S. (1984). Upside-down presentation of the Johansson moving light-spot pattern. *Perception*, **13**, 283–286.

Todd, J. T., & Warren, W. H. (1982). Visual perception of relative mass in dynamic events. *Perception*, **11**, 325–335.

Tremoulet, P. D., & Feldman, J. (2000). Perception of animacy from the motion of a single object. *Perception*, **29**, 943–951.

Van de Cruys, S., Schouten, B., & Wagemans, J. (2013). An anxiety-induced bias in the perception of a bistable point-light walker. *Acta Psychologica*, **144**, 548–553.

Vanrie, J., Dekeyser, M., & Verfaillie, K. (2004). Bistability and biasing effects in the perception of ambiguous point-light walkers. *Perception*, **33**, 547–560.

Verfaillie, K., & Daems, A. (1996). The priority of the agent in visual event perception: On the cognitive basis of grammatical agent-patient asymmetries. *Cognitive Linguistics*, **7**, 131–147.

Walk, R. D., & Homan, C. P. (1984). Emotion and dance in dynamic light displays. *Bulletin of the Psychonomic Society*, **22**, 437–440.

White, P. A., & Milne, A. (1999). Impression of enforced disintegration and bursting in the visual perception of collision events. *Journal of Experimental Psychology: General*, **128**, 499–516.

人名索引

ア 行

アダムス（Addams, T. D.） 155
アリストテレス（Aristotle, Aristotelēs） 135
アンスティス（Anstis, S. M.） 160

ウィリアムズ（Williams, D. W.） 153
ウェーバー（Weber, E. H.） 11
ウェルトハイマー（Wertheimer, M.） 103, 158

エイデルソン（Adelson, E. H.） 65
エンメルト（Emmert, E.） 134

大山 正 84
オーラム（Oram, M. W.） 185
苧阪直行 18

カ 行

カーネマン（Kahneman, D.） 159
カイザー（Kaiser, M. K.） 178
カウフマン（Kaufman, L.） 144
カッティング（Cutting, J. E.） 121, 183
カニッツァ（Kanizsa, G.） 89
カバナ（Cavanagh, P.） 25
川村久美子 174

北岡明佳 141
ギブソン（Gibson, J. J.） 129, 150
キャバナー（Cavanagh, P.） 146
ギルデン（Gilden, D. L.） 178

グレゴリー（Gregory, R. L.） 138
グロスマン（Grossmann, E.） 185

ゲーテ（Goethe, J. W.） 80
ケルステン（Kersten, D.） 125

コズロウスキー（Kozlowski, L. T.） 183, 186
コラヴィータ（Colavita, F. B.） 23
コルテ（Korte, A.） 159

サ 行

サイモンズ（Simons, D. J.） 27

スティーヴンス（Stevens, S. S.） 14
鷲見成正 184

セクラー（Sekuler, A. B.） 92
セジウィック（Sedgwick, H. A.） 122

タ 行

ディトリッチ（Dittrich, W. H.） 173
デモス（Demos, K. E.） 36

ドヴァロア（DeVaolis, R. L.） 75
トッド（Todd, J. T.） 178
冨田恒男 74
ドルトン（Dolton, J.） 82
トレムレット（Tremoulet, P. D.） 173

ナ 行

中村 浩 174, 176, 184

西田眞也 160
ニジャワン（Nijhawan, R.） 139
ニューサム（Newsome, W. T.） 160
ニュートン（Newton, I.） 66

ハ 行

バーテンサル（Bertenthal, B. I.） 184
ハートライン（Hartline, H. K.） 59
パーマー（Palmer, S.） 25
バシリ（Bassili, J. N.） 187
パブロワ（Pavlova, M.） 184
ハワード（Howard, R. J.） 185
バンリー（Vanrie, J.） 187

ヒューベル（Hubel, D. H.） 48
ヒューム（Hume, D.） 178
ヒル（Hill, H.） 186

フェヒナー（Fechner, G. T.） 13
フォス（Vos, J. J.） 76
フォン・デル・ハイト（von der Heydt, R.） 90
藤田和生 5
ブラディック（Braddick, O.） 146
プリマック（Premack, D.） 173
ブルーノ（Bruno, N.） 128
プルキンエ（Purkinje, J. E.） 57
ブレイクモア（Blakemore, S. J.） 181
プングラサミー（Pungrassamee, P.） 78

ヘス（Hess, E. H.） 36
ヘリング（Hering, K. E. K.） 73
ヘルムホルツ（Helmholtz, H. L. F. von） 72, 73, 152

ポズナー（Posner, M. I.） 28, 30

ホワイト（White, P. A.） 179
ボンダ（Bonda, E.） 185

マ 行

マー（Marr, D.） 116
マーサー（Mather, G.） 160, 183
松田隆夫 16

ミシュキン（Mishkin, M.） 50
ミショット（Michotte, A. E.） 174, 177, 179

ヤ 行

ヤルブス（Yarbus, A. L.） 19
ヤング（Young, T.） 72
ヤンソン（Jansson, G.） 171
ヤンティス（Yantis, S.） 158

ヨハンソン（Johansson, G.） 168, 170, 173, 181, 182, 185

ラ 行

ルネソン（Runeson, S.） 176, 187

ロス（Ross, H. E.） 135
ロック（Rock, I.） 136

ワ 行

ワラック（Wallach, H.） 64

事項索引

ア　行

明るさ　70
明るさの恒常性　63
明るさの対比　59
明るさの同化　62
明るさの同時対比　59
アマクリン細胞　44
アモーダル知覚　175
暗順応　56
暗順応曲線　56
暗所視　43, 56

石原式色覚検査表　83
異常3色覚　82
位置検出　157
1次運動　146
1色覚　83
意図性の知覚　173
意図の知覚　187
異配置ウォーカー　183
色収差　41
色順応　79
色知覚　43, 49
色の恒常性　77
色の3属性　71
色の対比　80
色の同化　81
色立体　71
陰影　125
因果関係知覚　174, 176
陰性残像　81

ウェーバーの法則　11
ウェーバー比　11

動きの自動性　173
運動閾　144
運動学的な性質　173
運動学的力学特定原理　186
運動感覚　8
運動距離閾　144
運動検出　157
運動残効　155
運動刺激頂　144
運動視差　126
運動速度閾　144
運動知覚　49
運動の拡張　176
運動マスキング　158
運動量保存の法則　176
運搬効果　179

エームズの歪んだ部屋　140
エネルギー変化に依存した仮現運動　149
遠隔運動　146
遠刺激　168
演色性　79
エントレイニング効果　176
エンメルトの法則　134

黄斑部　42
大きさ―重さ錯覚　4
大きさ・距離の不変仮説　133
大きさの恒常性　3, 131
奥行き手がかり　111

カ　行

絵画的手がかり　119
外側後頭複合体　90

事項索引

外側膝状体　44
回転車輪効果　170
概念駆動型処理　24
カクテル・パーティ効果　27
角膜　34
影　125
仮現運動　157
重なりの手がかり　122
可視光　8
下側頭葉皮質後部　49
下側頭葉皮質前部　49
形の恒常性　132
可聴範囲　8
加法混色　69
顆粒細胞層　44, 46
感覚　6
感覚の尺度化　13
眼球運動　19
眼球運動性の手がかり　112
簡潔化の法則　105
頑健さ　183
患者 LM　155
寒色　84
完全弾性衝突　177
桿体　42

幾何学的錯視　136
輝度　64
輝度勾配のない輪郭　89
肌理の勾配　111, 121
球面収差　40
凝集性の崩壊あるいは爆発　179
共通運命の要因　105
共通する運動　170
局所的運動検出器　154
曲折運動　171
近視　40
近接の要因　103

近中心視　18
近傍運動　146

空間周波数　38
空間定位　49
空間定位と行為　185
空気説　129
群化の法則　103

継時時相　158
継時対比　16
形態処理　49
ゲシュタルト心理学　103, 158
牽引効果　179
現象的永続　174
現象的実在　174
現象的二重化　176
減法混色　69

光覚閾　56
光学的流動　154
光学配列　168
光源色　69
虹彩　34
交差法　88
酵素の塊　49
後退色　84
剛体性　171
後部頭頂間溝領域　49
ゴールに向かった運動　173
固視　20
固視微動　20
古典的受容野　102
コラム構造　47
コルテの法則　159
混色　69
コントラスト感受性曲線　101

サ 行

サイクロイド　169
最小分解角　37
最大の移動距離　146
最適時相　158
彩度　71
錯視　2
サッカード　19
サッカード抑制　20
左頭頂間溝　181
3色説　72
残像　80
残像の大きさ　133

視角　131
視覚的ベクトル分析　182
視覚的ベクトル分析理論　170
視覚優位の統合　23
時間的・空間的接近性　178
時間的先行性　179
色覚異常　82
色相　70
時空間勾配検出モデル　148
刺激閾　9
刺激間時間間隔　158
視交差　45
自己運動知覚　171
視索　45
事象知覚　168
視床枕　153
視神経　45
実際運動　144
遮蔽関係　88
シャルパンティエの錯覚　4
収縮色　84
周辺視　18
主観的輪郭　89
主観的輪郭立体図　94

順応　15
上丘　44, 153
小細胞系　49
小細胞層　45, 46
上側頭溝　181, 185
上側頭溝多感覚領野　185
照度　64
視力　37
神経節細胞　44
進出色　84
心理物理学　13

水晶体　34
錐体　42
水平細胞　44
スティーヴンスの法則　14
図と地の分擬　88

静止網膜像　20
精神測定関数　10
精神物理学　13
精神物理的測定法　11
生物性や自動性の知覚　173
絶対距離　111
線運動錯視　162
線遠近法の手がかり　120
線形フィルタリング　147
線条皮質　47
全体的な運動　154
選択的注意　27
前庭感覚　172
前部頭頂間溝領域　49

双極細胞　44
相互作用の印象　179
相対運動　170
相対距離　111
相対質量　178

相対的大きさの手がかり　122
相対的高さの手がかり　122
側頭葉連合野　106
側抑制　44, 59, 100

タ　行

ターナス刺激　164
第 1 次視覚野　47
大気遠近法　124
第 5 次視覚野　48
大細胞系　49
大細胞層　45
対象運動知覚　171
対象の知覚　185
体制化の法則　103
大地説　129
ダイナミックな対称性　184
大脳左半球　45
対比　16
対面バイアス　187
第 4 次視覚野　49
滝の錯視　156
ダブルフラッシュ錯覚　23
段階説　76
単眼性の手がかり　119
単純細胞　48
暖色　84

チェッカーシャドー錯視　65
知覚　6
知覚恒常性　3, 132
地平線比率関係　122
中心窩　17, 42
中心視　18
中心周辺拮抗型受容野　48, 98
中心小窩　42
調節　35, 112
超複雑細胞　48

事　項　索　引

チン氏体　35

月の錯視　134

データ駆動型処理　24
適刺激　7

透過　68
同化　16
透過色　69
道具効果　179
瞳孔　34
同時時相　158
同時対比　16
頭頂後頭溝　49
透明視　96
特徴変化に依存した仮現運動　149
トップダウン処理　24, 184
トリガリング効果　176
トロクスラー効果　21
トンネル効果　174

ナ　行

内臓感覚　8

2 次運動　146
2 色覚　82
二層性細胞　44
認知　6

ハ　行

バイオロジカル・モーション　181
背側路　50, 185
ハイパーコラム　47
ハイブリッド画像　38
薄明視　43
パス誘導運動　163
発見的ルール　178

跳ね返り係数　177
速さの恒常性　132
パラソル細胞　45
反射　67
反射率　64
半側空間無視　29
半側盲　45
反対色説　73

光受容細胞　42
非感性的完結化　89, 175
非古典的受容野　102
非線形フィルター　148
非注意性盲目　28
皮膚感覚　8
表情　187
表象的運動量　179
表面色　68

フーリエ分析　38
フェヒナーの法則　13
複雑細胞　48
輻輳　112
腹側頭頂間溝領域　49
腹側路　50, 185
腹話術効果　23
負残像　81
物体色　68
不変項　129
プライミング効果　92, 93
フリッカー運動残効　160
プルキンエ移行　58
プルキンエ現象　57
プレグナンツの法則　105
ブロードマンの17野　49
ブロブ　49
分光透過率　68
分光反射率　68

文脈効果　26

平衡感覚　8
閉合の要因　104
ベツォルト=ブリュッケ現象　71
ベラドンナ　36
ヘルマン格子錯視　99
ヘルムホルツの説　152
扁桃体　36
弁別閾　11

ポイント・ライト・ウォーカー　181
方位選択性　48
膨張色　84
飽和度　70
補色　80
ポッゲンドルフ錯視　92
ボトムアップ処理　24, 184
ホワイト錯視　62
ポンゾ錯視　92

マ　行

マグニチュード推定法　13
マスキングノイズ　183
マッハの帯　100
窓枠問題　150

右上側頭溝後部　185
右半球　45
ミジェット細胞　45
見かけの距離の斟酌理論　134
ミュラー=リヤー錯視図形　161

無彩色　72
ムンカー錯視　81

明順応　56
明所視　43, 56

彩度　71
明度の恒常性　63

盲点　44
毛様体筋　35
モダリティ　7

ヤ　行

ヤング=ヘルムホルツの3色説　72

有彩色　72
ユニーク色　73

良い形の要因　105
良い連続の要因　104

ラ　行

ラウンチング効果　175
ランダム・ドット・ステレオグラム　89,
　114
ランドルト環　37

リープマン効果　85
力学的　169
力学的性質　173
立体運動効果　96
両眼視差　114
両眼性　48
両眼網膜像差　49,113
両眼融合　88
両眼立体視　88,114
輪郭　88
輪郭錯視　89

類同の要因　103

老眼　35

老視　35,40
ロドプシン　42

欧　字

AIP　49
AIT　49
biplexiform 細胞　44
center of moment　186
Cm　186
CSF　101
fMRI　180
ISI　158
L 錐体　42,75
LGN　44
LIP　49
M 錐体　42,75
MAE　155
MST 野　49
MT 野　48,49
PET　185
PIP　49
PIT　49
PO　49
S 錐体　42,75
SKE　96
SOA　159
STS　181
T ジャンクション　90
TE 野　49
TEO 野　49
V1　47
V6　49
α 運動　161
β 運動　158
γ 運動　162
ϕ 現象　158

著者紹介

中村　浩 （第2章，第4章，第6章，第7章）

1974 年　日本大学文理学部心理学科卒業
1979 年　日本大学大学院文学研究科心理学専攻博士後期課程単位取得満期退学
現　在　北星学園大学短期大学部生活創造学科教授　文学博士

主要著書・論文

"Young children's judgments of relative mass of two objects in a head-on-collision event." (*Perception*, **24**, 1995)

『美と感性の心理学——ゲシュタルト知覚の新しい地平——』（分担執筆）（冨山房インターナショナル，2007）

『新編　感覚・知覚心理学ハンドブック　Part 2』（分担執筆）（誠信書房，2007）

戸澤　純子 （第1章，第3章，第5章）

1983 年　日本大学文理学部心理学科卒業
1988 年　日本大学大学院文学研究科心理学専攻博士後期課程単位取得満期退学
現　在　川村学園女子大学生活創造学部観光文化学科教授　博士（心理学）

主要著書

『心理学［第2版］』（分担執筆）（弘文堂，2014）

『心理学概説——心理学のエッセンスを学ぶ——』（分担執筆）（啓明出版，2014）

『認定心理士資格準拠　実験・実習で学ぶ心理学の基礎』（分担執筆）（金子書房，2015）

テキストライブラリ 心理学のポテンシャル＝2
ポテンシャル知覚心理学

2017 年 4 月 25 日 Ⓒ	初 版 発 行
2024 年 3 月 25 日	初版第 2 刷発行

著 者　中 村　　浩　　発行者　森 平 敏 孝
　　　　戸 澤 純 子　　印刷者　加 藤 文 男

発行所　　株式会社　サイエンス社

〒151-0051　東京都渋谷区千駄ヶ谷1丁目3番25号
営業 ☎(03)5474-8500(代)　　振替 00170-7-2387
編集 ☎(03)5474-8700(代)
FAX ☎(03)5474-8900

印刷・製本　加藤文明社
《検印省略》

本書の内容を無断で複写複製することは，著作者および出版社の権利を侵害することがありますので，その場合にはあらかじめ小社あて許諾をお求め下さい。

ISBN978-4-7819-1395-7

PRINTED IN JAPAN

サイエンス社のホームページのご案内
https://www.saiensu.co.jp
ご意見・ご要望は
jinbun@saiensu.co.jp まで．

ライブラリ スタンダード心理学―2
スタンダード 感覚知覚心理学

綾部早穂・熊田孝恒 編

A5判・304頁・本体2,600円(税抜き)

感覚・知覚についての心理学的研究の起源は古代にまで遡ることができ,近世,近代から現代に至るまで盛んに研究が行われてきた.本書では,そのような感覚知覚心理学の歴史や方法論,各機能の詳細を,その基本から最新の知見について各領域で活躍する執筆陣が解説する.心理学専攻の方,通信教育で学びたい方にもおすすめの一冊である.2色刷.

【主要目次】
- 第0章　はじめに
- 第1章　近世感覚論事始
- 第2章　感覚知覚心理学の時流
- 第3章　発達的視点から見た感覚知覚心理学
- 第4章　嗅　　覚
- 第5章　知覚の体制化
- 第6章　視覚的特徴の統合
- 第7章　潜在的知覚
- 第8章　聴　　覚
- 第9章　クロスモーダル知覚
- 第10章　精神時間の測定

サイエンス社

新心理学ライブラリー7

最新 認知心理学への招待［改訂版］

心の働きとしくみを探る

御領・菊地・江草・伊集院・服部・井関 著
A5判・352頁・本体2,950円（税抜き）

本書は，20年以上にわたり好評を博してきた認知心理学の教科・参考書の改訂版です．認知心理学の内容の深化や領域の広がりに対応するため，新たに3名の著者が加わりました．全体の構成はそのままに，現在も価値のある古典的研究は残しつつ，できるだけ新しい知見を取り入れるという方針のもと，内容を一新しました．視覚的な理解にも配慮し，2色刷としました．

【主要目次】
序　章　認知心理学について——その特徴と小史
第1章　認知心理学の方法論
第2章　情報の受容と分析
第3章　注意とパターン認識
第4章　長期記憶——コード化から検索まで
第5章　短期記憶と作業記憶
第6章　日常記憶
第7章　知識表象と言語理解
第8章　思　考
第9章　コネクショニスト・モデルと認知心理学
終　章　認知心理学の特徴と今後の展望

サイエンス社

テキストライブラリ 心理学のポテンシャル―1
心理学を学ぶまえに読む本

羽生和紀 著

A5判・232頁・本体 1,750円（税抜き）

本書は，これから大学で心理学を専攻し，心理学を学ぼうとしている高校生や大学生のために書かれた本です．心理学の知識そのものというよりも，心理学を学んでいくうえで必要な知識や技術，能力について説明しています．本を読んだり，インターネットを使ったりといった，知識を手に入れる方法，ものごとを順序立てて正しく考える方法，考えたことを文章という形で表現する方法，それを演習やゼミといった場面で人に伝える方法，など，学問を学ぶための準備について丁寧に解説しています．心理学のみならず，他の学問を専攻しようとする方，社会人になってから知的な活動に必要な技術を学び直したい方にもおすすめの一冊です．

【主要目次】
第1章 なぜこの本を読んでほしいのか
第2章 手に入れること
第3章 理解すること
第4章 考えること
第5章 表現すること
第6章 伝えること

サイエンス社